Mathias Jung

# FreiRaum
## Ein Zimmer für mich

die
rote
reihe

*Ein Mann erzählt: „Wir bauten uns als Knaben einen Stand zwischen den Ästen, der von unten nicht gesehen werden konnte. Saß man oben, wurde gar noch die Leiter hochgezogen und jede Verbindung mit dem Boden unterbrochen, dann fühlten wir uns vollkommen glücklich." Darin malt sich das eigene Zimmer vor, das freie Leben, das kommt.*

Ernst Bloch,
Prinzip Hoffnung,
Kleine Tagträume

Mathias Jung

# FreiRaum

## Ein Zimmer für mich

die
rote
reihe

ISBN 3-89189-090-7

2. Auflage 2004

Umschlagfoto: Mauritius Bildagentur
Karikaturen: Reiner Taudien
Umschlaggestaltung: Martin Gutjahr-Jung

# Inhalt

# Virginia Woolf: Appell an die Frauen

*Das Leben ist für beide Geschlechter … mühsam, schwierig, ein ständiger Kampf. Es erfordert gewaltigen Mut und Kraft. Mehr als alles andere erfordert es … Selbstvertrauen. Ohne Selbstvertrauen sind wir wie Wickelkinder.*

Virginia Woolf,
Ein Zimmer für sich allein

Selbstständig und doch nicht richtig frei: Frauenschicksal. Nehmen wir Monika (Name geändert). Die zweiundvierzigjährige Friseurmeisterin mit hennarot gefärbtem Haar und schlanker Figur ist erfolgreich. Sie beschäftigt vier Angestellte. Ihre verwitwete Mutter besorgt, im Verbund mit einer Zugehfrau, den Haushalt und betreut, soweit es noch notwendig ist, die Tochter (17) und den Sohn (15). Der Mann, ein selbstständiger Handwerker, ist, wie Monika lächelnd einräumt, pflege-

MEIN ZIMMER?!

leicht, das Haus funktionell eingerichtet. Allerdings sitzt ihr Mann Abend für Abend vor dem Fernseher, beschallt die ganze Wohnung und trinkt sein Pils. Warum kommt Monika dann in meine Praxis?

Sie klagt: *Ich fühle mich ausgepowert und leer. Ich arbeite von morgens neun Uhr bis abends halb acht, weil ich ja auch die Abrechnungen und den Steuerkram erledigen muss. Meine Arbeit ist anstrengend. Aber das ist es nicht. Ich habe sie ja selbst gewählt. Ich bin heute noch stolz, dass ich den Mut fand, einen eigenen Friseursalon aufzumachen. Ich verdiene gut. Es ist ein tolles Gefühl, eine beruflich erfolgreiche Frau zu sein. Ich liebe auch das Gespräch mit meinen Kundinnen. Wir sind ja ein richtiger Gerüchtebasar* (lacht).

*Ich verdiene heute schon mehr, als mein Vater, ein selbstständiger Schneider, je verdient hat. Nein, es ist die Leere in meinem Privatleben, die mir zu schaffen macht. Die Kinder gehen abends viel aus dem Haus. Mein Mann hockt, von den Sitzungen seines Schützenvereins einmal abgesehen, Abend für Abend vor der Glotze, bis zwölf Uhr Mitternacht und schluckt sein Bier in sich hinein. „Man hat ja sonst nichts vom Leben“, sagt er. Ich habe keinen Raum zum Zurückziehen. Also setze ich mich auch vor den Fernseher oder ich putze zum zweiten Mal die Küche. Ich stricke und bügele ein bisschen.*

*Ich komme mir vor wie eine Gefangene. Ich verdumme. Mein Mann ist zu nichts zu bewegen. Früher habe ich gerne gelesen und Englisch gelernt, aber das ist bei dem Dauerlärm des Fernsehers nicht möglich. Eigentlich funktioniere ich nur noch. Unsere Sexualität ist zum Sterben langweilig. Mein Gewicht geht rauf und runter. Noch vor einem viertel Jahr hatte ich zwölf Kilo mehr auf den Rippen, weil ich eine Frustfresserin bin. Weil ich zur Hochzeit meines jüngeren Bruders musste, habe ich mir das wieder abgehungert, spätestens im Winter habe ich meinen Speck wieder drauf. Ich ertappe mich in letzter Zeit, dass ich beim Fernsehen über rührselige Klamotten hemmungslos zu weinen beginne. Es geht mir nicht gut.*

Da stand das ganze letzte Jahrhundert im Zeichen eines zähen Kampfes um die Emanzipation der Frau. Da erstritten sich die Frauen das Wahlrecht, die Studierfreiheit, die Zulassung zu fast allen Berufen. Da bedienen Frauen Autos und Flugzeuge gleichermaßen. Da bereisen Frauen die Welt und verfügen, dank der Verhütung, wie nie zuvor über ihren

Körper. Da genießen Frauen die Verfügung über Eigentum und Geschäfte – und doch findet sich eine Monika, wie viele andere Frauen, in einer weibchenhaften Unselbstständigkeit und Fremdbestimmung im Privatleben wieder. Wie das?

Vielleicht hilft es, wenn wir zur Lösung des psychologischen Rätsels zwei große Frauen des 20. Jahrhunderts konsultieren. Die Engländerin und die Französin schrieben mit ihren femininen Fundamentalwerken sozusagen zwei Bibeln der Frauenbefreiung: Virginia Woolf und Simone de Beauvoir.

Lasse dich, liebe Leserin, lieber Leser, in diesem ersten Kapitel auf ein Stück Theorie ein, eine Denkreise in die bürgerliche Frauenbewegung des 20. Jahrhunderts. Danach darfst du dich von der Theorie erholen.

1929 legte Virginia Woolf ein schmales Bändchen *Ein Zimmer für sich allein* vor. Es verkaufte sich bereits in den ersten sechs Monaten in England und Amerika 22 000 mal. Das war für damalige Verhältnisse ein Bestseller. Er gehört zu den wichtigsten Texten der Frauenbewegung. Wer war Virginia Woolf? Sie wurde 1882 in London als Tochter wohlhabender, gebildeter Eltern geboren. Bereits mit zweiundzwanzig Jahren bildete sie den Mittelpunkt der intellektuellen *Bloomsbury-Group*. Zusammen mit ihrem noblen Mann Leonard Woolf gründete die lesbische Virginia 1917 den Verlag *The Hogarth Press*. In ihm veröffentlichte sie die bedeutendsten zeitgenössischen Schriftsteller der Zeit und wurde damit finanziell noch unabhängiger. Virginia Woolfs Romane selbst, die zur Weltliteratur zählen, rückten sie als Schriftstellerin neben literarische Revolutionäre wie James Joyce und Marcel Proust. Zugleich war sie eine der gescheitesten Essayistinnen ihrer Zeit und hinterließ ein umfangreiches Tagebuchwerk.

Unter dem Donner von Hitlers Luftangriffen und von der Furcht gepeinigt (wie schon im 1. Weltkrieg), in Schizophrenie zu verfallen, suchte Virginia Woolf, indem sie ihre Jackentaschen mit Steinen beschwerte, am 28. März 1941 in dem Fluss Ouse in Sussex den Tod. Als Jüdin wurde Virginia Woolf zudem von der Angst gepeinigt, nach einer deutschen Besetzung Englands in einem Konzentrationslager zu enden.

Von impressionistischem Reiz, scharfer Beobachtungsgabe seelischer Prozesse und gleichsam schwebender erzählerischer Eleganz sind heute noch Virginia Woolfs Romane wie *Jacobs Zimmer*, *Mrs. Dalloway*, *Zum Leuchtturm* und *Die Wellen*. Wie viele andere Literaturfreunde, liebe ich selbst am meisten ihren Roman *Orlando*, ein blitzgescheites Vexierspiel um die normative Kraft der Geschlechterrollen: Der Held ist eine Heldin, die Heldin ein Held, weil sich nämlich Orlando im Laufe von mehreren Jahrhunderten unablässig von einer Frau zu einem Mann, von einem Mann zu einer Frau karmisch verwandelt und am Ende die androgyne Wesensbildung als Höhepunkt menschlicher Entwicklung enthüllt.

In *Ein Zimmer für sich allein* formuliert Virginia Woolf dieses Ideal des Männlich-Weiblichen in der ganzheitlichen Persönlichkeitsbildung voller Nachdruck: … *Ein großer Geist ist androgyn. Es ist, wenn diese Verschmelzung stattfindet, dass der Geist vollkommen fruchtbar wird und all seine Fähigkeiten gebraucht. Vielleicht kann ein Geist, der rein männlich ist, ebenso wenig schöpferisch sein wie ein Geist, der rein weiblich ist, dachte ich … der androgyne Geist ist resonant und porös* (durchlässig – M.J.); … *er übermittelt Gefühle ohne Hindernis; ... er ist auf natürliche Weise schöpferisch, weißglühend und ungeteilt. Tatsächlich geht man zurück zu Shakespeares Geist aus dem Typus des Androgynen, des männlich-weiblichen Geistes, obwohl es unmöglich wäre zu sagen, was Shakespeare von den Frauen dachte.*

Wenig später kommt Virginia Woolf in ihrem Buch, das als Rede an junge Frauen konzipiert ist, auf den großen englischen Dramatiker zurück, und zwar auf spezifisch feministische Weise: *Ich sagte Ihnen ..., dass Shakespeare eine Schwester hatte; aber suchen Sie nicht nach ihr. ... Sie lebt in Ihnen und in mir und in vielen anderen Frauen, die heute nicht hier sind, weil sie Geschirr spülen und die Kinder ins Bett bringen.* Damit ist Virginia Woolf bei ihrer Frage: *Warum war ein Geschlecht so reich und das andere so arm?* Denn: *Frauen sind immer arm gewesen, nicht nur seit zweihundert Jahren, sondern seit aller Zeiten Anfang. Frauen hatte weniger intellektuelle Freiheit als die Söhne der Sklaven aus Athen. Frauen haben also nicht die geringste Chance gehabt, Gedichte zu schreiben.*

Virginia selbst klagte, dass sie nicht in Cambridge studieren durfte. Ihr Bruder Thoby durfte es. Er war ein Mann. Virginia Woolf kämpfte leidenschaftlich um eine Verbesserung der Situation der Frauen. Mit ihrem Mann Leonard wandte sie sich der Labour-Party zu. Sie trat für das Frauenwahlrecht ein. Sie ermunterte die Frauen, sich auszutauschen über Sexualmoral, Verhütungsmittel, medizinische Versorgung, Kindererziehung und Frauenbildung. Virginia war eine der ersten Frauen, die sich als Schriftstellerin eine unabhängige Position aufzubauen vermochte.

Im eigenen Verlag, verbreitete sie die Gedanken der Frauenbefreiung und des weiblichen Pazifismus – der Überlegung, wie Frauen dazu beitragen könnten, den Krieg zu verhindern: *Die notwendigste Veränderung betrifft die Haltung der Männer und Frauen gegenüber den Frauen. Solang wie die Männer die Frauen als unbezahlte Untergebene, solange wie die Frauen die Männer als ihre natürlichen Vorgesetzten betrachten, werden die Bedingungen, die den Krieg erzeugen, bestehen bleiben.*

Zentral war der Schriftstellerin der Gedanke, dass die Frauen ihre Selbstständigkeit durch einen Beruf und damit die finanzielle Unabhängigkeit erkämpfen müssten. Es sei weiblicher Selbstverrat, sich zum Lebensinhalt die Aufgabe zu setzen, bloß den Männern gefallen zu wollen. Virginia Woolf war wütend: *Sogar noch heute* (1929 – M.J.) *haben nur wenige Frauen ein abgeschlossenes Universitätsstudium; die großen Prüfungskomitees der Berufe in Armee und Marine, Handel, Politik und Diplomatie haben sie kaum geprüft.*

Mehr noch. Die Ohnmacht der Frauen, so beobachtete Virginia Woolf, bedingt die Macht der Männer. Ironisch konstatiert die Essayistin die Dialektik dieser Ohnmacht-Macht-Konstellation: *Frauen haben über Jahrhunderte hinweg als Spiegel gedient mit der magischen und köstlichen Kraft, das Bild des Mannes in doppelter Größe wiederzugeben. Ohne diese Kraft wäre die Erde vielleicht noch immer Sumpf und Dschungel. Der Glanz all unserer Kriege wäre unbekannt. Wir würden noch immer die Umrisse von Rotwild auf die Reste von Hammelknochen ritzen und Feuersteine gegen Schaffelle oder irgendeinen anderen Schmuck tauschen, der unseren rohen Geschmack entzückt. … Zar und Kaiser hätten niemals Kronen getragen und sie wieder verloren. Welcher Art der Gebrauch in zivilisierten Gesellschaften auch sein mag, Spiegel sind für alle gewalttätigen und heroischen Handlungen unentbehrlich. Deshalb bestehen Napoleon und Mussolini beide so nachdrücklich auf der Unterlegenheit von Frauen, denn wenn sie nicht unterlegen wären, würden sie aufhören zu vergrößern.*

Woolf schlussfolgert mit Schärfe: *Das Spiegelbild ist von äußerster Wichtigkeit, weil es die Lebenskraft auflädt: Es stimuliert das Nervensystem. Nimm es ihnen weg, und die Männer sterben wie der Drogenabhängige, dem man sein Kokain entzieht.*

Der Mann, konstatiert Virginia Woolf, ist äußerlich stark, in seinem Seelenleben schwach. Der Mann hängt an der „Droge Frau" wie der Junkie an der Nadel. Er kann jedoch Macht über die Frau ausüben, weil sie beruflich benachteiligt und damit finanziell unterprivilegiert ist.

Die Schriftstellerin selbst erlebte das weibliche Weltwunder, sich über Nacht von einer mittellosen Gelegenheitsschreiberin zur finanziell wohlsituierten Persönlichkeit zu verwandeln und keine Rücksichten auf die Männerwelt mehr nehmen zu müssen: Es ist *eine Tatsache …, die mir noch immer den Atem raubt – die Macht meines Geldbeutels, automatisch zehn*

*Schilling-Noten auszubrüten. Ich öffne ihn, und da sind sie. Die Gesellschaft gibt mir Hühnchen und Kaffee, ein Bett und ein Dach über dem Kopf als Gegengabe für ein paar Blatt Papier, die mir von meiner Tante hinterlassen wurden, aus keinem anderen Grund als dem, dass ich ihren Namen trage. Meine Tante, Mary Beton, müssen Sie wissen, starb an einem Sturz vom Pferd, als sie in Bombay ausritt, um frische Luft zu schöpfen. Die Nachricht von meiner Erbschaft erreichte mich eines Abends ungefähr zur selben Zeit, als das Gesetz angenommen wurde, das Frauen das Wahlrecht zubilligt. Der Brief eines Anwalts fiel in den Briefkasten, und als ich ihn öffnete, stellte ich fest, dass sie mir fünfhundert Pfund im Jahr und auf Lebenszeit ausgesetzt hatte.*

So wurde Virginia Woolf sozusagen mit dem eigenen Geldbeutel auf das Kernproblem der Frauenfrage gestoßen. Bei einem Mokka in einem Londoner Cafe ereignete sich die kopernikanische Sternstunde ihres Lebens – die Erkenntnis, dass sich die weibliche Welt um das Geld und nicht um Hormone oder eine mystische feminine Natur dreht: *Tatsächlich dachte ich, während ich das Kleingeld in meine Börse gleiten ließ, es ist bemerkenswert, wenn man die Verbitterung jener Tage bedenkt, welch ein Wandel im Gemüt ein festes Einkommen mit sich bringt. Keine Macht der Welt kann mir meine fünfhundert Pfund nehmen. Essen, Wohnung und Kleidung sind mir für immer sicher. Es hören dadurch nicht nur Arbeit und Mühsal auf, sondern auch Hass und Bitterkeit. Ich brauche keinen Mann zu hassen; er kann mir nicht weh tun. Ich brauche keinem Mann zu schmeicheln; er kann mir nichts bieten. So nahm ich unversehens der anderen Hälfte der Menschheit gegenüber eine andere Haltung ein.*

Natürlich, so registriert Virginia Woolf, ist das Leben für beide Geschlechter ein Kampf um Selbstbehauptung. Nur haben die Frauen ungleich schlechtere Startbedingungen als die Männer für diesen existenziellen Hürdenlauf. Dass Frauen über zwei Jahrtausende hinweg in Dichtung, Philosophie, Musik und Technik, Medizin und abstrakten Wissenschaften nur Fußnoten lieferten, war, so Virginia Woolf, die Folge ihrer Unterdrückung. Das Prügeln der Ehefrau war etwa in England anerkanntes Recht des Mannes und wurde ohne Scham von Hoch und Niedrig praktiziert. Eine Tochter, die sich weigerte, den Mann der Wahl ihrer Eltern zu heiraten, musste es sich gefallen lassen, eingeschlossen, geschlagen und im Zimmer herumgestoßen zu werden, ohne dass dies in der öffentlichen Meinung einen Schock auslöste. Heirat war keine Sache der persönlichen Zuneigung, sondern der Habgier der Familie, besonders in den Oberklassen. So las es Virginia Woolf in den voluminösen Werken männlicher englischer Historiker.

Die größten englischen Schriftstellerinnen Jane Austen (1775–1817) und Charlotte Brontë (1816–1854) hatten kein Arbeitszimmer, in das sie sich zurückziehen konnten. Sie schrieben im ehelichen Wohnzimmer oder am Küchentisch. Jane Austen versteckte ihre Manuskripte oder bedeckte sie mit einem Löschblatt, wenn ein Besucher das Zimmer betrat. Frauen waren dienstbare Hausgeister, gleichsam abstrakt und unkörperlich. Sie gingen völlig in der Hausarbeit auf. Ihr Reich war die Küche. Ein eigener Bücherschrank, ein Zimmer mit Musikinstrumenten und Papier, das damals teuer war, stand Frauen nicht zu. Männer der bürgerlichen Klasse verfügten dagegen über ein privates Arbeitszimmer und oft noch über ein *Herrenzimmer*.

So enthüllte Charlotte Brontë in ihrem Roman *Jane Eyre* das stille Elend des Menschen, der, zu seinem Nachteil, als Frau geboren wird: *Es ist müßig zu sagen, dass menschliche Wesen sich mit Heiterkeit zufrieden geben sollten. Sie brauchen Tätigkeit; und sie werden sie sich schaffen, wenn sie keine finden. Millionen sind zu einem noch stilleren Schicksal als dem meinen verdammt, und Millionen stehen in stummer Revolte gegen ihr Los. Niemand weiß, wieviel Rebellion in den lebenden Massen gärt, die die Erde bevölkern. Frauen sind im allgemeinen sehr still: Aber Frauen fühlen genau wie Männer; sie brauchen Übung für ihre Fähigkeiten und ein Betätigungsfeld für ihre Energie, genau wie ihre Brüder; sie leiden unter zu rigider Zürückhaltung und totaler Stagnation, genau wie Männer darunter leiden würden. Es ist engstirnig von ihren privilegierten Mitmenschen, zu sagen, dass sie sich darauf beschränken sollten, Puddings zu kochen und Socken zu stricken, Piano zu spielen und Taschen zu besticken. Es ist gedankenlos, sie zu verurteilen oder auszulachen, wenn sie bestrebt sind, mehr zu tun oder mehr zu lernen, als die allgemeine Sitte für ihr Geschlecht nötig erklärt.*

Dem gegenüber forderte Virginia Woolf

zwei einfache, aber fundamentale Grundausstattungen für die Frau: Ein ausreichendes Grundeinkommen durch einen qualifizierten Beruf (*fünfhundert Pfund im Jahr*) und – *ein Zimmer für sich allein*. Dieses Zimmer symbolisiert den physischen und psychischen Eigenraum der Frau. Einen Respektsraum, der ihre Individualität sichtbar macht, persönliche Entfaltung gewährleistet und Grenzen gegen Mann und Kinder setzt. Denn jede Frau hat eine Existenz, die die bloße Funktion der Ehefrau und der Mutter transzendiert (übersteigt) und persönliche Produktivität freisetzt.

In diesem Sinn beschwor Virginia Woolf Shakespeares imaginäre Schwester, die sich unter den frauenfeindlichen Bedingungen eines dunklen Jahrhunderts nicht wie ihr Bruder künstlerisch zu verwirklichen vermochte: *Wenn jede von uns fünfhundert Pfund im Jahr hat und ein Zimmer für sich allein; wenn wir an die Freiheit gewöhnt sind und an den Mut, genau das zu schreiben, was wir denken; wenn wir dem gemeinsamen Wohnzimmer ein bisschen entronnen sind; … wenn wir der Tatsache ins Auge sehen – denn es ist eine Tatsache, dass es keinen Arm gibt, auf den wir uns stützen könnten, son-*

*dern dass wir allein gehen …, dann wird diese Gelegenheit kommen, und die tote Dichterin, die Shakespeares Schwester war, wird den Körper annehmen, den sie so oft abgelegt hat.*

Frauen, so Virginia Woolf, brauchen nicht den fragwürdigen Schutz des Mannes, wenn sie beruflich und juristisch gleichberechtigt sind – und sie sich ebenbürtig fühlen: *In hundert Jahren werden Frauen aufgehört haben, das beschützte Geschlecht zu sein. Folglich werden sie an allen Aktivitäten und Anstrengungen teilnehmen, die ihnen einst verweigert wurden. Das Kindermädchen wird Kohlen schaufeln. Die Gemüsefrau wird eine Lokomotive fahren … alles ist möglich, wenn das Frausein aufgehört hat, eine beschützte Tätigkeit zu sein.*

Nun fragt man sich, was an dieser literarischen Kampfschrift Virginia Woolfs noch heute aktuell sein soll. Hat unsere Monika nicht die geforderten *fünfhundert Pfund* im Jahr und vielleicht noch mehr? Hat sie nicht längst den Status einer *beschützten Frau* über Bord geworfen? Muss sie ihren Mann hassen, von dem sie finanziell völlig unabhängig ist? Nein. Sie könnte, wenn sie wollte, jederzeit sogar das Abitur nachmachen und Medizin oder Jura oder Germanistik studieren. Alle Wege stehen ihr offen. Sie hat alle äußeren Schranken übersprungen. Sie darf wählen, Geld verdienen, sich politisch engagieren. Aber warum kehrt Monika Abend für Abend in eine unterdrückende Partnerschaft zurück?

Es sieht so aus, als ob Monika, wie viele Frauen, einem weiblichen Prozess der Selbstunterdrückung unterliegt: der offensichtlich schwer ausrottbaren weiblichen Sehnsucht nach seelischer Beschützung und Versorgung. Eine von klein auf anerzogene weibliche Abhängigkeit lebt offensichtlich als Ängstlichkeit und Lähmung in Monika fort. Sie hat den Durchbruch zur inneren Freiheit nicht geschafft. In ihrem großen Haus, das wir gleichsam symbolisch als das eheliche Beziehungsgebäude auffassen dürfen, gibt es keinen Quadratmeter Raum, den sie für sich beansprucht.

Wohl bemerkt: *Sie* beansprucht kein Zimmer für sich allein. Das wäre durchaus machbar, denn der gesamte Dachboden des Hauses steht für einen Ausbau zu einem großzügigen weiblichen Atelier zur Verfügung.

Aber Monika kommt nicht auf den Gedanken, einen Eigenraum für sich zu beanspruchen. Sie hat, als mittlere von drei Töchtern, nie ein eigenes Zimmer besessen. Auch ihre Mutter hatte keines, sondern war, wie Monika sich erinnert, *bis um elf Uhr nachts ununterbrochen auf den Beinen.* Der Vater, ein begeisterter Münzensammler und Leser historischer Werke und Biografien, hatte sich ein Zimmer für sich reserviert und es mit Büchergestellen und numismatischen Kommoden mit Rollschubfächern behaglich und respektgebietend ausgestattet. Vielleicht war er ein typischer Mann. Männer werden von Geburt an auf ihre spätere Unabhängigkeit vorbereitet. Mädchen dressiert man auf „Sklavenarbeit".

Ist es so, wie die große andere Frauenpionierin, Simone de Beauvoir, vermutet, dass Frauen die untergeordnete Rolle und das Ausharren an der Seite eines stumpfen Ehemannes akzeptieren, *um den Anstrengungen aus dem Weg zu gehen, die mit der Gestaltung eines authentischen Lebens verbunden sind*?

Simone de Beauvoir (1908–1986) hält in ihrem 1949 erschienenen Jahrhundertwerk *Das andere Geschlecht. Sitte und Sexus der Frau* die revolutionäre Veränderung im sozialen Status der Frau durchaus fest: *Durch die Arbeit hat die*

*Frau größtenteils den Abstand überschritten, der sie vom Mann trennte. Arbeit allein vermag ihr eine konkrete Freiheit zu garantieren. So wie sie ihr Parasitendasein aufgibt, bricht das System, das sich auf ihre Abhängigkeit gründet, zusammen. Zwischen ihr und dem Universum braucht es dann keinen männlichen Mittler mehr.*

Das „Parasitendasein", das finanziell Ausgehaltenwerden durch den Mann, ist inzwischen längst nicht mehr das zentrale Problem der Frauenfrage. Das Problem liegt tiefer, im Bereich des Unbewussten. Es ist, so zeigt es der Fall Monika, die heimliche Angst der Frauen vor der Unabhängigkeit. Simone de Beauvoir urteilt: *Jedoch sind in Wirklichkeit die Frauen selten, die mit ihrem Partner ein freies Verhältnis herzustellen wissen. Sie schmieden sich selbst die Ketten, die er ihnen nicht abzunehmen geneigt ist. ... Sie braucht einen Blick, der von oben herab ihren Wert offenbart und bestätigt. Selbst wenn sie strenge Maßstäbe an die Männer anlegt, verehrt sie nichts desto weniger den Mann an sich und wenn sie ihm begegnet, fällt sie ihm bereitwillig zu Füßen. Sich durch einen Gott rechtfertigen zu lassen, ist leichter, als sich durch eigene Mühe zu rechtfertigen.*

Ist es immer noch der *männliche Blick*, in dem sich die Frau als Frau konstituiert? Warum hat eine beruflich so selbstbewusste Frau wie Monika nicht eine Minute ernsthaft erwogen, ihrem Mann den Krach des Jahrhunderts zu machen oder eine Trennung zu realisieren? Immerhin sind ihre Kinder mittlerweile flügge. Warum verkriecht sie sich hinter der Fassade einer bürgerlichen Ehe? Warum kreiert sie keinen Eigenraum für sich?

Steht die Formel *Ein Zimmer für mich* nicht auch dafür, sich in einem abgegrenzten Bereich des Lebens zu bilden und ein materielles oder geistiges Werk zu schaffen, sich die männliche Arbeitshingabe, Eroberungslust und Perfektion anzueignen? Heißt Individuation, Ich-Werdung, nicht für Frauen und Männer gleichermaßen, sich eine *cella interna* und eine *cella externa* zu schaffen, einen inneren und einen äußeren Raum, wie es die große Denkerin und Dominikanerin Katharina von Siena (1347–1380) bereits forderte?

Stattdessen erlebe ich es als Therapeut häufig, dass Frauen sich in der Mitte des Lebens, wenn die Kinder das Haus verlassen, vor der schöpferischen Anstrengung eines gediegenen

Berufes flüchten und ihre Intelligenz in Dünnbrettbohrerei vergeuden.

Simone de Beauvoir hat dieses Phänomen der Halbherzigkeit bei Frauen so diagnostiziert: *Wenn sie sich zum Malen oder zum Schriftstellern entschließt, allein um die Leere ihrer Tage auszufüllen, werden Bilder und Essays als „Handarbeiten" behandelt. Sie widmet ihnen weder mehr Zeit noch mehr Sorgfalt, und sie haben ungefähr denselben Wert. Oft wirft sich die Frau in ihren Wechseljahren auf den Pinsel oder die Feder, um die Schwächen ihrer Existenz auszugleichen: Es ist reichlich spät. Da ihr eine ernsthafte Ausbildung fehlt, wird sie immer nur eine Amateurin bleiben ... Da sie an das Nichtstun gewöhnt ist, nie in ihrem Leben die harte Notwendigkeit einer Zucht kennengelernt hat, ist sie keiner ständigen, ausdauernden Anstrengung fähig, sie bemüht sich nicht, eine solide Technik zu erwerben ... Die Frau „spielt" gern mit der Arbeit, aber sie arbeitet nicht. Da sie an die magischen Tugenden der Passivität glaubt, verwechselt sie Beschwörungen mit Handlungen, symbolische Gesten mit wirkungsvollem Verhalten ...*

*Statt ihr Werk überlegsam auszuarbeiten, vertrauen sie auf ihre Ursprünglichkeit. Schreiben oder Lächeln ist für sie ein und dasselbe... Statt sich selbstlos dem Werk hinzugeben, das sie unternimmt, betrachtet die Frau es allzuoft als eine einfache Verzierung ihres Lebens... Der Narzissmus der Frau macht sie ärmer statt reicher.*

Wir sehen, Virginia Woolfs Forderung nach einem *Zimmer für sich allein* ist noch heute voller explosiver Kraft, solange Frauen diesen physischen und geistigen Eigenraum nicht zu realisieren wagen. Die Jahrtausende alte Unterdrückung spielt sich immer noch in den Köpfen der Frauen ab. Aber ich wäre kein Mann, wenn ich nicht auch die maskuline Seite dieser Problematik bedenken müsste. Auch Männer leiden oft an mangelnder Lebensprägnanz und Abgrenzung gegenüber Frau und Kindern, obgleich ihnen diese innere Selbstständigkeit insgesamt besser gelingt als Frauen.

Da ist Michael (Name geändert), ein sympathischer Lehrer, achtunddreißig Jahre alt. Er kommt zu mir in die Beratung, weil er, wie er sagt, *außer sich* ist. Damit will er sagen, dass er sich selbst nicht mehr findet. Er hat eine Frau und zwei Kinder, zwischen drei und fünf Jahren alt: *Ich habe keine ruhige Minute mehr. Am besten ist es noch im Lehrerkollegium in der Schule. Meine Frau ist untüchtig. Sie schafft, trotz Putzfrau, den Haushalt in unserem kleinen Häuschen nicht. Sie jammert chronisch. Wenn ich von meiner Gesamtschule mit Ganztagsbetrieb heimkomme, überlässt sie mir bis zum Einschlafen die Kinder. Unsere Kinder schlafen meist erst gegen zehn Uhr abends ein. Das ist ein fürchterlicher Zirkus. Dann ist mein Abend kaputt, denn ich muss mich ja noch auf den nächsten Unterrichtstag vorbereiten, Schulhefte korrigieren etc.*

*Dazu brauche ich Konzentration. Aber ich habe sie nicht. Denn ich kann den Raum, der als mein Arbeitszimmer geplant war, nicht benutzen. Er wurde zweckentfremdet zum Bügel- und Wäschezimmer, Ankleide- und Stauraum. Meine Bücher sind zum Teil noch unausgepackt im Keller, weil im Wohnzimmer für Büchergestelle kein Platz ist. Ich fühle mich wie ein Obdachloser. Natürlich ist auch keine Zeit mehr für meine alten Hobbys, Klavierspielen, Sport und Videoclips drehen. Ich weiß nicht, ob ich traurig oder wütend sein soll.*

Das ist es. Wo ich kein Zimmer für mich habe, wo ich mich selbst nicht mehr entfalten darf, da stimmt es mit meinem Ja in der Liebe nicht mehr, weil mir das Nein in der Liebe fehlt: der Schlüssel zum Abschließen meines seelischen Territoriums. Trauer und Wut sind die Folge. Ein eigener körperlicher und seelischer Raum ist unabdingbar als Ausgangspunkt meines je eigenen Lebensweges, den mir keiner abnehmen oder vorschreiben kann.

Wie sagt doch Friedrich Nietzsche, der große Psychologe unter den Philosophen: *Die Seele in ihrer Wesenheit sagt sich selbst: Niemand kann die Brücke bauen, auf der gerade du den Fluss des Lebens überqueren musst – niemand außer dir selbst. Natürlich gibt es zahllose Wege und Brücken und Halbgötter, die bereit sind, dich über den Fluss zu tragen, aber nur um den Preis deines eigenen Selbst. In der ganzen Welt gibt es nur einen bestimmten Weg, den niemand außer dir gehen kann. Wohin führt er? Frage nicht, sondern gehe ihn. Sobald jemand sagt: „Ich möchte ich selbst bleiben", entdeckt er, dass dies ein furchtbarer Entschluss ist. Nun muss er in die Tiefen seiner Existenz hinabsteigen.*

# Weiblicher Gehorsam

*Plötzlich, in der Regel im fortgesetzten Alter, stellen wir fest: Wir sind uns abhanden gekommen. Wir besitzen zwar ein Haus, aber wir bewohnen die Hundehütte. Wir haben uns durch unsere Lebensumstände aus unserem eigenen Haus vertreiben lassen. ... Wir haben verlernt, uns ernst zu nehmen, uns um unser Wohlbefinden zu kümmern, wir haben vergessen, eigene Wünsche zu haben, und als Nebeneffekt bleibt die Lebensfreude auf der Strecke. Frauen neigen stärker zu dieser Misswirtschaft. Sie bestellen fremde Äcker und lassen den eigenen verwildern.*

Julia Onken
Herrin im eigenen Haus.
Weshalb Frauen ihr Selbstbewusstsein
verlieren und wie sie es zurückgewinnen

EIGENTLICH NICHT NÖTIG...
BLÖD
ABER DAS MACH ICH DOCH GERNE...

Warum neigen vor allem Frauen dazu, ihren reichen Innenraum, die *cella interna*, gering zu schätzen und die Schaffung eines respektgebietenden Außenraumes, der *cella externa*, zu vernachlässigen?

Das Geheimnis liegt in der Kindheit, genauer in der weiblichen Sozialisation. Verborgen in der Prozedur der Weiblichkeitserziehung lernt das kleine Mädchen früh, auf sein eigenes Wollen und seine selbstbewussten Strebungen zu verzichten. Schon im Spiel mit dem Kinderwagen und der Puppenstube stellt es sich auf die künftige weibliche Welt der Hege und Pflege ein. Es entwickelt eine hohe Fähigkeit zur Beziehungs-, Liebes- und Nähearbeit. Es ist sozusagen sein gesellschaftlicher Auftrag, als Liebesexpertin für den späteren Ehemann und die Kinder zu fungieren. Oft befindet sich das Mädchen dabei in einer klebrigen Symbiose mit der Mutter, dem ersten Objekt seiner Liebeswahl; es tut sich schwer mit Ablösung und Distanz.

Zur gleichen Zeit „verrät" der Junge die Mutter, sein libidinöses Urobjekt. Er verwirft das Weibliche, Warme und Liebesfähige in sich. Er verdrängt seine Abhängigkeits- und

Verbundenheitsgefühle, um zu einem *richtigen Mann* und *coolen Typen* zu werden. Früh stellen sich die Rollenmuster ein: Der Mann schweigt, die Frau stellt Fragen. Der Mann ist distanziert, die Frau sorgt sich um Nähe und Beziehung. Der Mann ist grob und verletzend, die Frau etwas meckernd und schmollend.

Von ihren Müttern lernen die meisten Mädchen, dass sie die Dominanz und Maulfaulheit der Männer *aus Liebe* hinzunehmen haben. Die schlechtere Position der Mutter in Fragen des Berufes, der Finanzen und der Freizeit erleben sie als *normal.*

So gesehen kann man Christina Thürmer-Rohr verstehen, wenn sie in ihrem Buch *Vagabundinnen* notiert: *Männlichkeit und Weiblichkeit sind historische Geschlechtskrankheiten.*

Noch im dritten Jahrtausend nach Christus fallen den Frauen die Hausarbeit, die Kindererziehung und die emotionalen Service-Leistungen in der Beziehung zu. Frauen haben angepasst, schafsgeduldig und schön zu sein. Sie sollen – in den meisten Fällen – den Männern den Rücken freihalten und sich rückhaltlos mit deren Arbeit und Karriere identifizieren.

*Eigentlich weiß ich gar nicht, wer ich bin und was ich will,* gestand mir Susanne (Name geändert), als sie nach dem Studienbeginn ihrer beiden Söhne mit einer *Leeres-Nest-Depression* zu mir in die Praxis kam: *Meine drei Männer haben mein Leben aufgefressen. Ich habe mich immer nur um ihr Wohlergehen bemüht. Da war nicht viel Platz für mich. Weil mein Mann höherer Offizier bei der Bundeswehr ist, mussten wir ständig umziehen. Der ältere Sohn reagierte darauf mit chronischem Schulversagen, der zweite war Asthmatiker. Du kannst dir vorstellen, dass ich aus der Tretmühle der häuslichen Versorgungsleistungen gar nicht mehr herauskam. Ich habe jahrelang nicht einmal mehr ein Buch gelesen und mein Klavierspiel aufgegeben. Jetzt komme ich mir richtig dumm vor, während mein Mann als Pensionär auf eine brillante Karriere zurückblickt.*

Nicht umsonst sprechen wir in der modernen Demokratie von der Aufgabe des *zivilen Ungehorsams.* Nur der mündige, unbequeme Bürger dient der Gemeinschaft und verwirklicht sich selbst dabei. Dagegen klagen in meiner Sprechstunde die meisten Frauen, dass sie viel zu wenig *Ungehorsam* praktizieren, dass sie *Ja* sagen, obwohl sie *Nein* fühlen. Fast immer sind die Wünsche des Mannes und der Kinder wichtiger als die eigenen weiblichen.

Ein konservatives religiöses Weltbild und eine patriarchalische Ideologie konservieren darüber hinaus autoritäre weibliche Weltbilder. Mädchen lernen wenig, sich zu wehren. Die Fähigkeit zur Aggression und zum Unangepasstsein wird ihnen mies gemacht. Sehr oft erleben sie die Jugend als eine *Vorbereitungszeit auf den Mann*. So spricht denn auch Christina Thürmer-Rohr (*Vagabundinnen*) vom *Rohstoff Frau*, der fast beliebig formbar ist.

Selbst die Sexualität der Frau ist nicht selten von Anpassungen und Unterwerfungen geprägt: Sie tut alles, damit es dem Mann gefällt und er nicht nach einer anderen Frau Ausschau hält. Manchmal schwindelt sie ihm sogar den Orgasmus vor, um nicht als *frigid* zu gelten. Das Wort von der *größeren Liebesfähigkeit der Frau* erweist sich als eine Falle – der Frau wird einseitig die Liebesarbeit aufgebürdet: *Männer lassen lieben* (Wilfried Wieck).

Susanne, die uns gerade begegnet ist, erlebte die Anpassungsdressur der Frau bereits als Mädchen. Nie kann sie den alttestamentarisch harten Satz ihrer Mutter vergessen, die da lapidar befand: *Die Frau hat dem Mann zu gehorchen. Es muss schließlich überall einen Chef geben.* So wartete sie auf den Mann, dem sie eines Tages zu gehorchen hatte. Sie fand auch prompt den „richtigen", einen Offizier mit Befehlsgewalt. Ihre Mutter sagte ihr bei der Hochzeit zufrieden: *Du hast einen starken Mann. Jetzt bist du eine komplette Frau.* Susanne verstand aufs Wort: *Eine Frau ohne Mann ist nur ein Stückwerk, ein Torso.*

Natürlich hat die gehorsame Susanne, wie viele junge unerfahrene Frauen, ihren Mann glorifiziert und in den Himmel gehoben. Sie tat alles, um eine familiäre *heile Welt*, gleichsam als Laubsägearbeit, zu basteln. Ihr Mann Manfred (Name geändert) kümmerte sich um nichts anderes als um seine Karriere. Seine Männerwelt war hart, etwas stumpfsinnig und lieblos. Manfred erwartete, dass Susanne ihn daheim wieder *seelisch aufbaut*, wie er sagte. Das Essen musste minutengenau auf den Tisch, die Söhne hatten zu parieren, die Frau auf ein Eigenleben zu verzichten. Da sie ständig umzogen, konnte Susanne auch keine Freundschaften pflegen oder eine Halbtagsarbeit aufnehmen.

Als Susanne ein einziges Mal den weiblichen Gehorsam aufkündigte, indem sie sich in einen Mann verliebte und mit ihm schlief, brach die Hölle los. Manfred bezeichnete sie als *Hure*, drohte, sich scheiden zu lassen, ihr die Kinder wegzunehmen und sie finanziell zu vernichten. Susanne beugte sich seinem Befehl unverzüglich. Sie brach ihre Liebe ab, ohne auch nur noch ein Abschiedsgespräch mit dem Geliebten zu führe: *Ich habe mich damals selbst vergewaltigt. Diese Liebe war kostbar. Vielleicht wäre es besser gewesen, wenn ich mit und zu diesem Mann gegangen wäre. Vor allem aber hatte ich nicht den Mut, über unsere schlechte Ehe und den verborgenen Alkoholismus meines Mannes zu sprechen. Auch dass er mich schlug, habe ich geschluckt.*

Im weiblichen Gehorsam einer Susanne und ihrer zahllosen Leidensgefährtinnen steckt jedoch nicht nur schuldlose Passivität. Sie ist auch *Mittäterschaft*. Wenn Frauen ihren Gehorsam und ihre Pflegeleichtigkeit dem Manne förmlich offerieren, dann schrecken sie vor der Konfrontation und den Unbequemlichkeiten der weiblichen Ich-Werdung zurück.

Individuation bedeutet immer auch, sein Ego scharf und manchmal schmerzhaft der Welt gegenüberzusetzen. Es beinhaltet Widerstand und bedeutet, den Verlust eines Partners zu riskieren. Eine Frau kann sich dieser Aufgabe nur stellen, wenn sie sich selbst als wertvoll begreift. Sie kann nur mutig werden, wenn sie die Bedingungen ihrer Weiblichkeitserziehung kritisch überprüft, begriffen und hinter sich gelassen hat.

Wo steht geschrieben, dass das weibliche Geschlecht das *schwache Geschlecht* ist? Wer hat angeordnet, dass das weibliche Geschlecht immer anspruchslos, gefällig und liebenswert zu sein hat und nicht aggressiv sein darf? Warum soll noch heute gelten, *die Frau sei dem Manne untertan*? Wo steht, dass die Frau ein Anhängsel des Mannes ist? Sie wurde dazu gemacht. Warum sollte sie es noch heute zulassen?

Es ist erstaunlich, wieviel intelligente Frauen, sobald sie vom Beruf nach Hause zurückkehren, ihren Eigen-Sinn sich nehmen lassen und in die Sklavenrolle gehen. Katherine Mansfield (1888–1923), eine glänzende englische Schriftstellerin, die in jungen Jahren an Tuberkulose starb, war eine Kollegin von

Virginia Woolf. Anders als diese ordnete sie sich total ihrem Mann John unter.

Bereits 1913, noch vor der Heirat, schreibt sie ihm jedoch: *Jawohl, ich hasse, hasse, hasse es, diese Dinge tun zu müssen, die du von mir erwartest, wie alle Männer sie von ihren Frauen erwarten. Ich mache nur sehr widerwillig den Dienstboten. Das mag ja alles recht und gut sein für Frauen, die nichts anderes zu tun haben … und dann sagst du, ich sei ein Tyrann und wunderst dich, dass ich abends müde bin! Das Missliche bei Frauen wie mir ist, dass sie sich von allem, was sie gerade tun, innerlich nicht lösen können! Montags, wenn du … fort bist, laufe ich umher, und im Kopf spritzen nur Pfannen und Öfen und die Frage herum: Werden wir auskommen mit dem, was wir da haben? … Und du rufst, ganz egal, was ich gerade tue: „Tig, wie steht's mit dem Tee? Es ist fünf Uhr!" – als ob ich ein säumiges Dienstmädchen wäre. Ich hasse mich selber heute.*

Man könnte den weiblichen Gehorsam auch als *erlernte Hilflosigkeit* bezeichnen. Das ist der psychologische Fachausdruck. Die amerikanische Sozialwissenschaftlerin Nicky Marone beobachtet in ihrem Standardwerk *Erlernte Hilflosigkeit überwinden* folgendes: *Auf Grund eines komplizierten Zusammenspiels von Biologie und Kultur glauben Frauen weiterhin an ihr „Recht“, aus riskanten oder gefährlichen Lebensumständen gerettet zu werden… Es gibt Lebensumstände, in denen von Frauen einfach nicht erwartet wird, dass sie damit fertig werden. Eine physische Einschüchterung oder einen körperlichen Angriff abzuwehren, sich mit defekten Maschinen herumzuschlagen oder sich aus einer Schneewehe zu befreien, aufs Dach zu klettern, um den Sturmschaden zu begutachten, oder auf eine alte Eiche, um dort abgestorbene Zweige abzusägen, aufzustehen, um nachzusehen, was das Geräusch mitten in der Nacht verursacht hat – das sind alles Dinge, die gewöhnlich Männer für uns tun werden. Zum größten Teil sind wir froh darüber. Letztlich ermöglicht uns dieser zu Grunde liegende, tief verwurzelte Glaube an unser „Recht, gerettet zu werden“ jedoch, die Überzeugung anzunehmen, dass Hilflosigkeit eine durchaus akzeptable Wahlmöglichkeit darstellt.*

Diese *erlernte Hilflosigkeit* erlebe ich in der Psychotherapie mit Frauen häufig. Da „flüchtet“ eine Frau in die Schwangerschaft, um dem Mobbing am Arbeitsplatz zu entgehen. Da bricht eine Frau wegen einer mittelschweren Grippe den gesamten Computerkurs in ihrem Umschulungsprogramm ab, weil sie in Wahrheit Angst vor dieser *Männerarbeit* hat. Da flüchtet eine junge Mutter vor den *schrecklichen Kindern* in die Kur, anstatt sich ihnen gegenüber durchzusetzen und ihnen Disziplin beizubringen. Da weint eine Frau bei jedem kleinen ehelichen Konflikt hemmungslos und erzwingt sich mit ihren tränenschweren Bambiaugen Schonung, wo es doch endlich um die Klärung von Grundsatzfragen der Haushaltsführung und Kinderbetreuung ginge. Da versteckt eine Frau ihren Ekel vor dem übergewichtigen kettenrauchenden Ehemann hinter chronischen Blasenentzündungen, um sich der Sexualität und einer entscheidenden Auseinandersetzung zu entziehen.

Oft haben bereits, wie sich in der Anamnese bei der Therapie herausstellt, die Väter durch ihr Verhalten der *overprotection* (Überbehütung) dem kleinen Mädchen gegenüber die künftige Frau in Watte und damit weiche Entschlusslosigkeit gehüllt. Noch immer werden Frauen von ihrer Erziehung her häufig weniger für Kompetenz und Risikobereitschaft belohnt, sondern dafür, sich vom „Prinzen" retten zu lassen und sich zu bescheiden. Dass diese Haltung die betroffenen Frauen selbst depressiv macht, liegt auf der Hand.

Ein Zeichen erlernter Hilflosigkeit ist es auch, dass Frauen sich häufig nicht um entscheidende finanzielle Fragen kümmern, das Gehalt ihres Mannes nicht kennen und sich nicht mit der Frage ihrer Altersversorgung auseinandersetzen.

Vielleicht, liebe Leserin, werden dich die folgenden Informationen schockieren: Dreiviertel der Frauen in Deutschland werden im Alter nicht über ein ausreichendes Einkommen verfügen. Versicherungsexperten schätzen ihre monatliche Versorgungslücke mit durchschnittlich 500 Euro ein. Das Deutsche Institut für Altersvorsorge (DEA) ließ 1500 Frauen und Männer zwischen dreißig und neunundfünfzig Jahren befragen. Ergebnis: *Frauen beschäftigen sich viel weniger mit ihrer Vorsorge für das Alter. Dreifünftel fühlen sich durch die Vielzahl der Versorgungsangebote überfordert.*

Im Notfall bleiben immer noch der Partner und der Staat, scheint die Devise für viele Frauen zu sein. Dreißig Prozent der befragten Frauen konnten nicht angeben, wieviel sie aus ihrer privaten Altersvorsorge später bekommen werden. Dass die gesetzliche Rente längst nicht mehr zur Beibehaltung ihres Lebensstandards reichen wird, kümmert die Mehrheit der Frauen wenig. Eine Sprecherin des Instituts meinte auf der Pressekonferenz lakonisch: *Frauen sind Meister im Verdrängen.*

Mir scheint, weiblicher Gehorsam ist gefährlich. Er hemmt die Notwendigkeit weiblicher Entscheidungen und Wagnisse und lässt die in jeder Frau angelegte Entwicklungsfähigkeit verdorren. Gehorsamkeit ist Abtreibung der Seelenfrucht. Sie kann nicht reifen und ans Licht der Welt treten.

Dazu fällt mir eine beklemmende Fabel ein, die ich in dem schönen Buch von Heinz-Peter Röhr, *Vom Glück, sich selbst zu lieben. Wege aus der Selbstentfremdung* gefunden habe. Es ist die Fabel vom goldenen Adler:

*Ein Wanderer fand eines Tages ein Adlerei. Es war noch warm, deshalb legte er es zu einer Henne ins Nest. Der kleine Adler schlüpfte mit den Küken aus und wuchs zusammen mit ihnen auf.*

*Sein ganzes Leben benahm sich der Adler wie alle anderen Küken auch, weil er keinen Anlass hatte, sich für etwas anderes als ein dummes Huhn zu halten. Er scharrte und kratzte, pickte nach Körnern und Regenwürmern. Er gluckte und gackerte, und manchmal schlug er mit den Flügeln und flatterte ein paar Meter weit, wie es bei der Hühnerschar Sitte ist.*

*Die Jahre zogen ins Land, und der Adler wurde sehr alt. Eines Tages hob er den Kopf zum Himmel und sah einen herrlichen Vogel hoch oben am wolkenlosen Himmel. Anmutig und majestätisch schwebte er in der Windströmung, scheinbar schwerelos und ohne Anstrengung, fast ohne seine kraftvollen, goldenen Flügel zu bewegen.*

*Der Adler empfand einen seltsamen, nostalgischen Schmerz, während er ehrfürchtig emporblickte.*

*„Wer ist das?" fragte er seinen Nachbarn.*

*„Das ist der Adler, der König der Vögel", sagte der Nachbar. „Aber verschwende keinen Gedanken an ihn, du und ich, wir haben nichts mit ihm zu schaffen."*

*Also vergaß der alte Adler diesen wunderbaren Vogel wieder. Ablenkung für uns Hühner gibt es ja genug.*

Ablenkung für Hühner gibt es ja genug. Aber welche Frau will schon ein Huhn sein.

# Frauen: Nähe

*Frauen errichten, besonders in ihrer Beziehung zum Mann eine Art Liebesgebäude, welches bis ins Detail sorgfältig eingerichtet und ausgestaltet wird. Die tragende Säule der jeweiligen architektonischen Schöpfung ist jene Nähefähigkeit, die bereits Mädchen auf charakteristische Weise einüben.*

Irmgard Hülsemann,
Ihm Zuliebe?
Abschied vom weiblichen Gehorsam

Dass Frauen die Fähigkeit zur Nähe auszeichnet, liegt auf der Hand. Frauen sind *Expertinnen der Nähearbeit*. In Susannes Schicksal haben wir das Aufopferungsvolle wie das Gefährliche dieser weiblichen Lebensleistung kennengelernt. Das ist natürlich auch, was wir Männer, mit erheblichem Egoismus, an den Frauen so außerordentlich schätzen: Anteilnahme, Einfühlung, Fürsorge, Pflege, das Ge-

MENSCH, MACH DOCH MAL DIE KLAPPE AUF!
TAM

spür für feinste Stimmungen, Zuhören können und Trost spenden, Ermutigung, Zuspruch, Geborgenheit, Sensibilität und Zärtlichkeit. Eine Frau ersetzt sozusagen dem Mann den Kachelofen. Bereits das puppenspielende kleine Mädchen verfügt, wie wir gesehen haben, über ein faszinierendes Spektrum von zugewandter Gefühlshaftigkeit. Beziehungspflege ist, so mag es auf den ersten Blick scheinen, eine nachgerade genetisch verankerte Fähigkeit des Wesens Frau.

Dass Frauen sich um Nähe bemühen, ist so selbstverständlich wie der tägliche Sonnenaufgang. Liegt es nicht in ihrer Natur begründet, Kinder zu empfangen, auszutragen, zu gebären, zu nähren, anzuziehen und zu erziehen? Ist es nicht selbstverständlich, dass Frauen „von Natur aus" immer nur Gebende sind? Ist es nicht geradezu weibliche Pflicht, sich an Kinder und das große Kind, den Mann, zu verschwenden?

Aber was ist mit den *Nähebedürfnissen* der Frau? Wie steht es mit ihrem *Nehmen*? Wie steht es mit ihrer *Nähe zu sich selbst*? Welchen Stellenwert nimmt die weibliche Nähe gegenüber eigenen Interessen, Leidenschaften und

Projekten ein? Degeneriert die großartige weibliche Nähefähigkeit nicht leicht zur permanenten *Nettigkeit*, zum *Selbstverrat*, zur *Unterwerfung*?

Robin Norwood hat in ihrem Klassiker *Wenn Frauen zu sehr lieben* dieses Suchtartige der weiblichen Bemutterung und Aufpäppelung des Mannes beschrieben. Je mehr der Mann sich vor dieser bedingungslosen Hingabe der Frau verschließt, desto mehr verstärkt diese ihre Anstrengungen. Bei fast allen Autorinnen der Frauenbewegung finden wir schon seit Jahrzehnten diese Warnungen vor der Neigung der Frauen, ihre Liebe zu inflationieren.

Colette Dowling warnte bereits in den achtziger Jahren des letzten Jahrhunderts vor dem *Gute-Ehefrau-Syndrom* mit den Worten: *Die Frau, die ihr ganzes Leben opfert, ihren Mann auf der rechten Bahn zu halten und ihre Kinder zu „beschützen", ist keine Heilige, sondern eine Klette. Sie klammert sich auch angesichts unüberwindbarer Gegensätze fest, nur um nicht die Ängste der Trennung zu erleben, den Schrecken, ungesichert dahinzutreiben und selbst einen sicheren Ankerplatz finden zu müssen… Wenn Frauen dies tun, ist es ein sicheres Zeichen, dass sie leiden. Wenn sie sich auf das „Alle Männer sind Babys“-Klischee einigen, können sie etwas von ihrer schmerzlichen, mädchenhaften Enttäuschung loswerden, ohne das Risiko einer Veränderung einzugehen. Sie müssen an ihrem Leben nichts verändern; sie beklagen sich einfach und trösten sich damit. (Wenn sie gute Frauen sind, beklagen sie sich natürlich nicht.)*

In ihrem Buch *Der Cinderella-Komplex. Die heimliche Angst der Frauen vor der Unabhängigkeit* fährt die amerikanische Autorin und Mutter von drei Kindern fort: *Unter dem Vorwand, dem Ehemann zu helfen, mobilisieren viele Ehefrauen ihre Emotionen, um den Mann schwach zu halten. Schwache Männer brauchen ihre Frauen immer. Schwache Männer verlassen ihre Frauen nie (dies ist ein typisches Verhalten für die Frau eines Alkoholikers. Nach außen ist sie konsequent und souverän – aber innerlich fürchtet sie, allein gelassen dahinzuschmelzen wie Butter in der Sonne).*

Genau das ist es. Frauen verhalten sich Männern gegenüber, als seien diese Kleinkinder voll ununterbrochener Bedürfnisse. Wer jedoch ständig nur den Partner versorgt, der versorgt am Ende sich selbst nicht mehr. Die erlernte Nähefähigkeit der Frau zentriert sich einseitig um den Mann. Sie gerät damit, und insofern hat Colette Dowling mit ihrem Hinweis auf die Partnerinnen von Alkoholikern frappierend Recht, in jene Haltung, die Suchttherapeuten die Co-Abhängigkeit nennen. Sie ist eine weit über den Suchtkomplex hinausragende, ubiquitäre, das heißt überall anzutreffende, Erscheinung des Selbstverzichts und der krankhaften Fesselung an den Partner. Die knappste Definition der Co-Abhängigkeit lautet: *Co-abhängig bin ich, wenn mir das Leben des anderen wichtiger ist als das meine.*

Ich habe über diese neurotische Selbstversklavung, die vor allem für Frauen eine psychologische Falle ersten Ranges darstellt, ausführlich in meinem Buch *Seele – Sucht – Sehnsucht* berichtet und die Wege zur Selbstbefreiung aus dieser letztlich krankhaften Abhängigkeits analysiert. Denn, da stimme ich Colette Dowling und der Expertin der Co-Abhängigkeitssucht, Anne Wilson-Schaef, zu, der neurotische Mehrwert dieser Selbstaufgabe und chronischen Betütelung des *Babys Mann* liegt auf der Hand: Je hartnäckiger eine Frau als willenloser Trabant um den Mann kreist, desto weniger braucht sie sich um die Ängste, Mühen und Abenteuer ihrer eigenen Ich-Werdung zu kümmern.

Die Psychoanalytikerin Karin Horney stellte in ihrer 1934 veröffentlichten Arbeit *Die Überbewertung der Liebe* fest, dass viele Frauen den Wunsch haben, *einen Mann zu lieben und geliebt zu werden; ein Wunsch, der jedoch zwanghaft ist und bis ins Extrem getrieben wird. Sie sind zu guten und dauerhaften Beziehungen mit Männern unfähig, in ihren Leistungen gähnend, ihre Interessen sind verkümmert, und oft fühlen sie sich verängstigt, unzulänglich und sogar hässlich. In manchen Fällen entwickeln sie einen zwanghaften Leistungstrieb, den sie jedoch auf den männlichen Partner projizieren, statt selbst aktiv zu werden.*

Die weibliche Nähefähigkeit ist also Glanz und Elend zugleich. Glanz, wenn weibliche Nähe auch das liebevolle Gerichtetsein auf die eigene Selbstverwirklichung enthält. Elend, wo sie sich als bedingungslose und damit wertlose Dauerbereitschaft für den männlichen Missbrauch anbietet. Es scheint mir kein Zufall, dass gerade unerfahrene, zum Gehorsam dressierte Frauen mit einem labilen Ego prompt auf sogenannte *Blaubart*-Männer hereinfallen, die, wie der trübe Held im Märchen, ihre verströmende Weiblichkeit vampirhaft aussaugen, niedermetzeln und sie in den dunklen Verliesen ihres gefühlskargen Männerlebens bunkern.

Die weibliche Fähigkeit zur Nähe ist ein großes Geschenk der Psyche, von der viele Männer nur träumen können, aber sie verlangt eine ausgewogene Bilanz von Geben und Nehmen. Vor allem aber ist Nähe nicht in jedem Augenblick einer Beziehung möglich. In der Beziehung von Frau und Mann gibt es auch notwendige Distanz, auseinander driftende Interessenslagen, Groll, Unmut, Absorbiertsein durch Beruf und andere menschliche Kontakte, widersprüchliche Gefühle, Aggressionen, kurz, Trennendes. Es ist wichtig, dass wir diese Distanz zulassen und nicht um jeden Preis Nähe erzwingen wollen. Gerade aus der Nichtnähe vermögen wir uns wieder aneinander anzunähern, uns neu einzuregulieren.

Distanz und Rückzug sind das Atemholen in der Liebe. Schon das kleine Kind mag nicht dauernd am Schürzenzipfel der Mutter hängen, es zieht sich gerne zurück, bastelt, spielt und träumt selbstvergessen vor sich hin. Ja sogar mein Hund, die große Neufundländerin Halva, zieht sich vor meiner gelegentlich *fesselnden Liebe* in die verborgene Nische unter dem Packtisch unseres Verlages zurück.

Mit vielen Männern arbeite ich in der Sprechstunde und den Männerseminaren im „Dr.-Max-Otto-Bruker-Haus“ das Thema *Nähe* durch. Ich ermutige sie, ihr Herz zu öffnen, Gefühle zu zeigen, Tränen zuzulassen, sich ihren Frauen und Kindern zu öffnen, Koseworte zu benutzen, Überraschungsgeschenke zu machen. Ich halte Briefbögen und frankierte Kuverts bereit, um sie, vom Seminar aus, einen Liebesbrief an ihre Frau zu Hause schreiben zu lassen. Kurz, ich animiere die Männer in jeder erdenklichen Weise, durch Körperarbeit, Umarmungen und Vertrauensübungen, in ihre hautwarme Kindlichkeit zurückzukehren und den kleinen warmherzigen Jungen in sich zu entdecken.

Frauen muss ich dagegen meist die Augen für die *Freude der Distanz* öffnen. Ich singe ihnen das *Lob der Einsamkeit.* Ich hetze sie dazu auf, sich ein eigenes Zimmer zu Hause bei sich einzurichten und es als symbolischen Freiraum äußerer und innerer Art zu begreifen.

Alleinsein, sich in vier Wänden auf sich selbst zu besinnen, ist ein menschliches Grundbedürfnis. Frauen wird es nicht nur häufig von Mann und Kindern verweigert, sondern sie selbst verzichten darauf in vorauseilendem Gehorsam.

Warum fragen sich Frauen so wenig, ob der Mann auch ihnen Nähe anbietet? Warum schätzen sie ihre eigenen emotionalen Dienstleistungen so gering? Warum treten sie so selten in den Streik?

Es fällt mir immer schwer, ruhig zuzuhören, wenn mir eine Frau von ihrem maulfaulen Ehemann und seinem Gefühlsgeiz berichtet. Und doch umkreist sie ihn wie eine Biene den Honigtopf. Hat Frau sich einmal in diesem Zusammenhang zwei Fragen gestellt: Verdient mein Mann meine Zuwendung überhaupt? Erdrücke ich meinen Mann mit meinen permanenten Näheangeboten?

So wie Männer häufig (nicht immer!) das Sprechen in der Beziehung erlernen müssen, so müssen Frauen sich oft *das Schweigen* aneignen. Der Wert ihrer Gesprächsfähigkeit wird in dem Augenblick deutlich, wenn die Frau einmal demonstrativ verstummt und dem

Packeis-Syndrom des Mannes ihrerseits Polarluft entgegenbläst. Es ist frappierend, wie schnell der verschnarchte Alte zu frösteln beginnt und fragt, *was los ist.*

Solange die Frau in dieser verhängnisvollen Kollusion, dem verborgenen Zusammenspiel von männlicher Beziehungsverweigerung und krankenschwesterhafter weiblicher Intensivpflege, verharrt, hat sie schon verloren. Als Therapeut bin ich da, das mögen mir meine Geschlechtsgenossen verzeihen, rabiat.

Ich rate, wenn der Mann sich einer gemeinsamen Eheberatung verweigert, zu einem vorübergehenden *Abbruch von Nähe*, zu einer spürbaren Beziehungspause: Kleine Trennungsschritte. Etwa der Auszug aus dem gemeinsamen Schlafzimmer. Getrenntes Frühstück, weil der Mann ja ohnehin im Bermuda-Dreieck seiner Morgenzeitung verschwindet. Einsilbigkeit, sachliche Distanz, Verweigern des Blickkontakts. Unterlassen der gewohnten kleinen liebevollen Versorgungsleistungen wie das Bett machen, Abräumen, Kerzen anzünden, auf der sommerlichen Terrasse decken. Das Unterlassen von Zärtlichkeiten wie Küssen und Umarmung, Berühren und Streicheln. Vor allem aber Abbruch der längst beziehungslosen Sexualität.

Jetzt ist der Mann gefragt. Nun stellt sich heraus, ob er anfängt, Beziehungs- und Nähearbeit zu leisten. Denn er kann, wenn er will. Wir Männer sind ja, im weitesten Sinn des Wortes, auch Menschen.

Statt Gesprächsfähigkeit Mut zum Schweigen. Statt den Mann analytisch und diplomatisch, kosend und schmeichelnd aus den Verstecken seiner psychischen Gletscherspalten zu locken, sich auf die eigene weibliche Wertigkeit zu besinnen und die Nähe den Menschen zu schenken, die sie schätzen und erwidern. Das sind die Aufgaben und Chancen der selbstbewussten Frau.

In dem Augenblick, in dem eine Frau den Mann als einzige *emotionale Tankstelle* anfährt, geht ihr der Sprit aus. Warum nicht bei Freundinnen und Freunden, am Arbeitsplatz, im Sport, im Volkshochschulkurs und im Verein seine Gefühle auftanken?!

Elfie (Name geändert), der Frau eines Geschäftsmannes und Kommunalpolitikers, die ebenso hundehaft wie vergeblich nach zärtlichen Wortbrocken ihres nüchternen, aber tüchtigen älteren Mannes hungerte, empfahl ich dies. Jetzt wirft sie sich mit all ihren Gefühlen auf die Welt. Sie geht mit dem Geschenk ihrer Nähe in der Ehe kostbarer um und ist weniger verletzlich. Das macht ihren niedrig temperierten Ehegatten zwar nicht zum Traummann, aber sie erfährt sich jetzt selbst in ihren Weltbezügen und macht ihr Wohlfühlen nicht länger ausschließlich von ihrem Mann abhängig.

Weibliche Nähe muss ihren Platz finden in der Dialektik des Ja und des Nein in der Liebe. Dem Zuwenig der männlichen Liebe steht oft ein Zuviel der weiblichen Nähe gegenüber.

# Männer: Distanz

*Ich bin das Messer und die Wunde,*
*ich bin die Wange und der Streich,*
*gerädert, Glied und Rad zugleich.*
*Ich bin der Henker und sein Kunde.*
Charles Baudelaire

Ebenso wie die weibliche Fähigkeit zur Nähe ambivalent ist, so zeigt die männliche Distanziertheit ein Janus-Gesicht. Die positive Seite der männlichen Distanz ist nicht zu unterschätzen. Sie bedeutet Selbstständigkeit, Unabhängigkeit, Mut zu sich selbst, scharfe Beobachtungsgabe, affektlos-kühle Sachlichkeit. Sie beinhaltet kritisch-unbestechlichen Blick und Lebensbewältigung, analytische Kraft und kompromisslose Klarheit, Akkuratesse und Verlässlichkeit.

Distanzfähigkeit heißt, ich kann mich abgrenzen, ich bin nicht *konfluent* (grenzenlos überfließend). Ich besitze ein starkes Selbst, das nicht ununterbrochen auf die Bestätigung des Partners angewiesen ist. Ich kann mich

LIEBST DU MICH?
TJA, WAS HEISST LIEBE?

mit mir selbst unterhalten. Ich liebe Einsamkeit und klammere nicht. Ich kann gut mit mir allein sein. Die Aggression eines Gegenübers wirft mich nicht aus dem Ruder. Ich will nicht von allen geliebt werden. Ich muss auch selbst nicht alle Menschen lieben. Ich habe mein Zentrum in mir selbst und nicht im anderen. Ich bin nicht übergriffig. Ich habe nicht nah am Wasser gebaut, sondern bin wasserdicht und stoßfest.

Als Mensch mit einer männlichen Distanz bin ich dem Beruf hingegeben. Ich kann mich für professionelle Herausforderungen, handwerkliche Probleme, sportliche Leistungen und geistige Abenteuer begeistern. Ich bin ein Enthusiast der Dingwelt. Menschen mit einer guten Fähigkeit zur Distanz wirken, im positiven Fall, wie eine gut bewehrte Festung mit hohem Ausblick und reichen Proviantkammern. *Ich bin hochseefest*, sagte einmal ein solcher Mann zu mir in der Sprechstunde, *alles, was ich brauche, führe ich an Bord meines Lebensschiffes mit.*

Brave, eher ich-schwache Frauen können sich von der starken Persönlichkeit solcher distanzfähigen Männer durchaus ein Stück abschneiden. Ich erinnere mich an ein Ehepaar, das in eine heftige Krise geriet, als sich der Mann unverhofft der Aufgabe gegenübersah, für seine große Werkzeugmacherfirma für drei Wochen in die USA zu gehen, um dort Geschäftspartner zu kontaktieren, Marktpflege zu betreiben und eine wichtige Fachmesse zu besuchen. Zwischen Herbert und Petra (beide Namen geändert) brach eine Krise aus. *Das kannst du mir doch nicht zumuten*, empörte sich Petra, *wie soll ich mit den Kindern zurechtkommen!*

Auf Grund ihres heftigen Gefühlsausbruchs, dem ein Sturzbach von Tränen folgte, vermutete ich, dass es sich bei den Kindern um pflegebedürftige Babys handelte. Tatsächlich, so stellte sich heraus, waren Sohn und Tochter zwölf und zehn Jahre alt! Doch Petra beharrte mit Hartnäckigkeit auf ihrem Veto gegen Herberts amerikanische Geschäftsreise. Dabei spürte ich, wie sehr sich der fleißige und sympathische Mann auf diese Unternehmung freute, weil sie für ihn eine Auszeichnung und den bisherigen Höhepunkt seines Berufes markierte. Herbert brannte darauf, seinen Gesichtskreis zu erweitern und hatte bereits einen Crashkurs für Geschäftsenglisch belegt. Er war ein hochkarätiger Spezialist, der sich als Sohn eines Kellners auf dem zweiten Bildungsweg hochgearbeitet hatte und buchstäblich jedes Fremdwort im Lexikon nachschlagen musste.

Wäre er eine Frau gewesen, hätte Herbert vermutlich bei dem Veto seiner Frau herzzerreißend geweint. So wurde sein Gesicht weiß vor unterdrücktem Zorn und Hilflosigkeit. Mir war klar, dass eine Absage dieser wichtigen Geschäftsreise von seiner Firma als Desinteresse und Ehrgeizlosigkeit angesehen worden wäre. Immerhin hatte Herberts Chefetage auch konkret eine Beförderung nach dem USA-Trip in Aussicht gestellt...

Ich bin ein Mann und fühlte mit Herbert. Ich war sauer auf die „wehleidige" Petra. Aber als Therapeut weiß ich, dass Schimpfen und Verurteilen den psychischen Widerstand nur verstärkt. Also versuchte ich, sie zu verstehen. Mit liebevollen Fragen lockte ich Petra aus ihren Ängsten. Was stellte sich heraus? Petra und Herbert waren in ihrer vierzehnjährigen Ehe nicht ein einziges Mal getrennt gewesen. Sie verbrachten auch ihre ganze Freizeit miteinander. Beide hatten längst auf eigene Freunde verzichtet. Selbst als Petra an Migräneattacken und Schlaflosigkeit litt und in der Nacht das Licht brennen ließ und mit ihrem ständigen Umherwandern Unruhe produzierte, getraute sich Herbert nicht, das Eheschlafzimmer zu verlassen und im Gastzimmer zu übernachten.

Petra hatte nie gelernt, allein zu sein. Bis zu dem Tag, als sie Herbert mit fünfundzwanzig Jahren heiratete, schlief sie in einer kleinen Kammer, die nur durch das Schlafzimmer ihrer verwitweten Mutter zu erreichen war. Bis dahin verbrachte sie alle Ferien ausnahmslos mit ihrer Mutter. Die Vorstellung, allein zu sein, löste bei Petra panische Ängste aus: *Ich könnte ja in eine Situation kommen, in der ich ohne ihn nicht mehr weiter weiß.*

Es war gut, dass die Krise ausgebrochen war. Denn Petra, aber auch Herbert mussten sich dem Problem ihrer symbiotischen Nähe stellen. So hatte Petra, um ein letztes Beispiel ihrer infantilen Verstrickung zu nennen, täglich vier Mal Herbert im Betrieb angerufen, um sich seiner Präsenz zu versichern. Jetzt stärkte ich Herbert den Rücken, in die USA zu fliegen. Mit Petra arbeitete ich ein lustvolles Programm aus, das ihr Auftrieb gab für die Zeit seiner dreiwöchigen Abwesenheit. Außerdem vereinbarten beide, dass Herbert jeden Tag nur einmal aus den USA anrufe.

Petra selbst überwies ich an eine powervolle Therapeutin, wo sie die *Freude an der Distanz* und ihre feurige Weiblichkeit als *Wolfsfrau* (Clarissa P. Estés) entdecken konnte. In einem Brief schrieb mir Petra ein halbes Jahr später erleichtert: *Herberts Amerikaflug wurde meine Kolumbusfahrt nach innen. Danke!*

Soviel zur Notwendigkeit von Distanz. In allen Beziehungen, besonders in einer klebrigen Ehe, braucht es die immer wieder neu einzuregulierende Balance von Nähe und Distanz, Autonomie und Bindung, Vertrautheit und Erregung. Oft ist es um diese Balance einseitig bestellt. Denn da vertritt zum Beispiel die Frau einseitig die Haltung von Nähe, Bindung, Vertrautheit, während der Mann ebenso einseitig den Komplex Distanz, Autonomie und Erregung, sprich Eroberung des Neuen, besetzt. *Weil* die Frau in diesem Fall einseitig die Nähe besetzt, *muss* der Mann in diesem systemischen Rollenspiel zwangsläufig den Gegenpol, die Distanz, besetzen.

Eine solche *Beziehungsschaukel* schwankt so lange hin und her, bis endlich beide das unselige, verborgene Zusammenspiel begreifen und ihm ein Ende setzen. Solange ein Mann die Beziehungsqualität der Nähe an die Frau delegiert, solange wird die Frau die ebenso notwendige Beziehungsqualität Distanz dem Mann als – unbewusste – Aufgabe zuteilen.

Negativ bleibt festzuhalten, dass viele Männer Probleme mit Nähe haben. Sie verharren einseitig in der Distanz. Das hat im Wesentlichen zwei Gründe. Zum einen ist es ein Ausdruck der patriarchalischen, herrschaftlichen Attitüde des Mannes. Herrscher setzen sich nicht mit den Gefühlen der Untergebenen auseinander. Sie sind an deren Gefühlslage nicht interessiert. Sie blicken gleichsam von oben nach unten.

Zum anderen handelt es sich um einen tiefverwurzelten Analphabetismus der Gefühle. Der kleine Junge hat die Sprache der Gefühle nicht gelernt. Dazu gehören Vokabeln, Grammatik und sehr viel Übung. Er hat sich früh genug von seinen eigenen Gefühlen abgespalten. Er kennt damit weder den Kosmos des eigenen Seelenlebens noch den seines Gegenübers. Der Mann ist emotional unbewegt und unbewegbar wie eine Amöbe. Schlimmer noch, er traut der Emotionalität nicht, denn er assoziiert Gefühle mit Schwäche und „weibischer" Mentalität.

Der im Jahr 2000 verstorbene Männerforscher und Männertherapeut Wilfried Wieck hat in seinem Buch *Männer lassen lieben*, das eine Art Initialzündung für die deutsche Männerbewegung bildete, die emotionale Mangelkrankheit des Mannes unter anderem am maskulinen Sprachgestus sichtbar gemacht. Männer, beobachtete Wieck, reden nicht zugewandt, nicht kommunikativ. Sie sind oft laut, vermeiden den Augenkontakt mit der Partnerin und lassen sie nicht zu Wort kommen. Wieck wörtlich: *Männer hören sich gerne reden, sie dozieren und erklären gern. Außerdem kämpfen sie, schwätzen, wehren sich permanent und stören Gespräche.*

Vor allem aber sind Männer häufig machtvolle Schweiger. Sie kriegen den Mund nicht auf. Sie lassen nichts an sich heran. Sie lassen die Frau seelisch verhungern. Sie sitzen lieber vor dem Computer, als die Arbeit eines Gesprächs auf sich zu nehmen. Dass eine kultivierte Konversation ebenso wie ein anteilnehmendes Gespräch Konzentration und Liebe verlangt, das wollen sie nicht wahrnehmen. Nicht umsonst ist denn auch der Beruf des Psychotherapeuten mit seinem Zuhören, Ergriffen-Werden und Berühren-Können eine eher weibliche Disziplin.

Männer sind in gewissem Sinn *soziale Idioten* (von altgriechisch *idios*, das heißt *eigen*, *in sich verschränkt*), weil sie nicht zuhören können. Männliches Schweigen bedeutet, sich distanziert geben, sich unfühlbar und unsichtbar zu machen. Der schwule Philosoph Sokrates bemerkte einmal einen hübschen jungen Mann, der lange schwieg. *Sag doch etwas*, forderte er ihn auf, *damit ich dich sehen kann.*

In dieser Distanziertheit verlieren sich Männer rettungslos an die Dingwelt. Worüber spricht der Mann am Tresen? Über Autos, Sport und Politik. Der kalifornische Psychologieprofessor und Männertherapeut Herb Goldberg diagnostiziert diese Verarmung der männlichen Psyche in seinem Buch *Der verunsicherte Mann* so: *Das Verhalten vieler heutiger*

*Männer ist in mancher Beziehung den Verhaltensmustern autistischer Kinder analog. Bei solchen Kindern besteht eine extreme Abwehrhaltung gegen menschlichen Kontakt, während sie gleichzeitig von unbelebten Objekten fasziniert und ganz auf sie fixiert sind. Eine andere Person zu berühren, eigene Gefühle auszudrücken, überhaupt jede Beziehung zu anderen wird als traumatisch erfahren und möglichst gemieden. Der heutige Mann ist so in seiner Autowelt eingekapselt, dass er oft mehr emotionale Kraft für seinen Wagen aufbringt, als für irgend einen Menschen.*

Frauen lieben sich an dieser männlichen, tiefgekühlten Distanz kaputt. *Von meinem Hund bekomme ich mehr als von meinem Mann*, sagte einmal weinend eine Frau in einer meiner Selbsterfahrungsgruppen. Distanz ist Gefühlsarmut. Der Mann knausert sich als ein *emotionales Sparschwein* durchs Leben hindurch. Alles, was das Aroma von Gefühlen hat, lehnt er ab: Abhängigkeit, das Eingeständnis von Angst, Traurigkeit und Tränen, Nähe zu anderen Menschen, vor allem zu Männern, Berührung, Spiritualität, Unbewusstes, die Demut, um Hilfe zu bitten.

Man kriegt Männer eher zum Bungee-

Springen von einer hundert Meter hohen Brücke als zu einer Stunde Lebensberatung. *Sei doch vernünftig*, ist das beliebteste Argument des Mannes gegen die Gefühle der Frau. Davor hat jedoch bereits Friedrich Nietzsche in *Der Wille zur Macht* gewarnt: *Die höchste Vernünftigkeit ist ein kalter Zustand.*

Männer kehren die Distanz also nicht nur gegen die Frau, sondern auch gegen sich selbst. Ein Mann definiert sich negativ, mit großer Härte und wie eine Maschine. Ich bin, so sagt sich der Mann, um so männlicher, je weniger Schlaf ich benötige, je mehr Schmerz ich ertragen kann, je mehr Alkohol ich vertrage, je weniger ich mich darum kümmere, was ich esse, je weniger ich jemanden um Hilfe bitte und von jemandem abhängig bin, je mehr ich meine Gefühle kontrolliere und unterdrücke, je weniger ich auf meinen Körper achte.

Dafür flüchtet sich der distanzierte Mann, ungleich häufiger als die Frau, in die Sucht, in Alkohol, Zigaretten, Computer- und TV-Sucht und in die Droge Arbeit. Der männliche *Workaholic* betäubt mit seinem Terminstress, seinem Verheiratetsein mit seinem Beruf und der professionellen Wichtigtuerei die Gefühle der Leere tief in seinem Innern. Wir Männer sterben sieben Jahre früher als Frauen. Wir fressen, saufen, kettenrauchen oder schütten unser Leid und unsere Bedürftigkeit jahrzehntelang in uns hinein, bis der Seeleninfarkt den Herzinfarkt provoziert. Wir Männer sterben in weit höherem Maße als Frauen an den Folgen des Alkohol- und Nikotinkonsums, an Herz- und Kreislauferkrankungen, Verkehrsunfällen und Suiziden. Wir verleugnen unsere Depressivität mit dem martialischen Ruf *Reiß dich zusammen* und sterben vier- bis fünf Mal häufiger an Bronchialkrebs und der verdrängten Angstkrankheit Asthma als Frauen.

Der Psychotherapeut Bergantino resümiert: *Viele Menschen, besonders Männer, isolieren sich emotional und halten diese Isolation fälschlich für Freiheit. Sie sublimieren ihre Gefühle und versperren sich ihren emotionalen Bedürfnissen, bis sie schließlich an Herzinfarkten, Schlaganfällen oder anderen Krankheiten sterben.*

Schweigen wir von der wortlos-distanzierten männlichen Sexualität und ihrem erbarmungslosen Leistungsdruck, worüber so viele Frauen klagen. In meinem Buch *Reine Män-*

*nersache* habe ich über die *Krankheit Mann* (Wilfried Wieck) ausführlich recherchiert. Ich sage das alles nicht aus Männerfeindlichkeit. Ich liebe Männer und bin gerne ein Mann. Ich liebe die Energie, den Witz, den Einfallsreichtum vieler Männer, ihre Fähigkeit, sich besessen an eine Arbeit, ein Hobby oder Sport zu verschwenden. Ich schätze männliches Leistungsvermögen, Fantasie, die bubenhafte Freude an Streichen, Schabernack und Allotria, männliche Zähigkeit, Tiefe, Väterlichkeit und Großzügigkeit. Die Männerselbsterfahrungsgruppen in unserem Haus sind für mich anrührend, bewegend und immer wieder von überschäumender Lebensfreude.

Aber es gilt das kritische Wort, das der amerikanische Theologe Sam Keen in seinem temperamentvollen Männerbuch *Feuer im Bauch* formuliert: *Das größte unterentwickelte Land der Welt liegt in der Psyche erfolgreicher Männer ... wenn Männer, die ihre entscheidenden Jahre mit lauter nach außen gerichteten Aktivitäten verbracht haben, zum ersten Mal den Blick in ihr Inneres lenken, in das Unbekannte ihrer Seele, dann stoßen sie sehr bald auf eine große Leere – ein ödes, weites Nichts.*

Für den Mann ist es längstens Zeit geworden, diese Leere zu füllen. Er ist doch so begabt und liebt seinen Bastelkeller und die produktive Einsamkeit seines Arbeitszimmers. Der Mann darf lernen, das seelisch-emotionale *Zimmer für sich* zu besetzen. Erfreulich ist, dass eine wachsende Anzahl von Männern aus dem Kerker männlicher Distanz ausbricht. Sie sind nicht länger bereit, die lebenszerstörerische Distanz gegen sich und die Welt zu praktizieren.

Aus der Männerarbeit im „Dr.-Max-Otto-Bruker-Haus" kann ich bestätigen, was der Soziologe und Männerforscher Walter Hollstein (*Der Kampf der Geschlechter*) beobachtet: *Der Zulauf zu Männergruppen, Informationszentren für Männer, männlichen Selbsterfahrungsgruppen und Männer-Wochenenden belegt diese Entwicklung. Mehr und mehr Männer zweifeln an der traditionellen Männerrolle und beginnen sich zu verändern; sie berichten davon, weicher, kooperativer, frauenfreundlicher und offener geworden zu sein. Männerfreundschaften werden endlich als wichtig erkannt.*

Männer haben die Chance, die *anima*, die *weibliche Seele* (C. G. Jung), in sich leben zu lassen. Sie sollten nicht mehr als Täter und Opfer agieren oder, wie es der Poet Charles Baudelaire ausdrückte, zugleich *das Messer und die Wunde, der Henker und sein Kunde* sein.

Dauerdistanz verschließt den seelischen männlichen Raum für sich und den gemeinsamen Raum mit der Geliebten. Negative Distanz enthüllt sich tiefenpsychologisch als Masochismus und Tendenz zur Selbstvergewaltigung, Selbstbestrafung.

# Das Ja in der Liebe

*Du bist min, ich bin din.*
*des solst du gewis sin.*
*du bist beslozzen*
*in minem herzen,*
*verlorn ist daz sluzzelin:*
*du muost ouch immer darinne sin.*

Unbekannter
mittelhochdeutscher Dichter

Bleibt nachzutragen, dass die Distanziertheit und das Schweigen des Mannes völlig anachronistisch, ja lebensgefährlich für die Beziehung ist, in einer Zeit, die sich als posttraditional versteht und sich auf eine Konsensmoral gründet. Was heißt das?

Es gibt heute keine übergreifende religiöse, philosophische oder staatsrechtliche Weltanschauung mehr. Der Mensch wurde, wie die Soziologen sagen, zur *Bastelexistenz*. Das Leben ist eine *Baustelle*. Jeder baut sich seinen eigenen Lebensentwurf, seine eigene Moral. Kaum einer lässt sich mehr von Kirchenbe-

ALSO, WAS JETZT? ER ODER ICH !?

hörden Glauben, Lebenssinn oder die Normen von Bindung und Sexualität diktieren. Wir leben eben post-traditional in einer Epoche *nach* den Traditionen. Das mag man bedauern oder begrüßen, aber *Tatsachen sind härter als Diamanten*, wie das russische Sprichwort sagt.

Das heißt im Umkehrschluss aber auch, dass ein Paar, das sich ein Beziehungsgebäude errichtet, alles diskutieren, klären, justieren und immer wieder neu regeln muss. Es muss den Weg des *consentiere*, des gemeinsamen Fühlens unternehmen, um zu einem Konsens zu kommen. Das nennt man die Konsensmoral. Alles ist erlaubt, wenn es *beiden* gefällt: Ob Frau und Mann das Kind auf die Gesamtschule oder das Gymnasium geben, der Anthroposophie oder dem Atheismus anhängen, ob sie Tag und Nacht miteinander verbringen oder ob sie eine Wochenendbeziehung wagen, ob sie ihre Sexualität im Swingerklub oder in Lack und Leder praktizieren.

Fazit: Wer in diesem Prozess der ununterbrochenen Positionssuche vom mobilen Arbeitsplatz bis zur Umschulung, von der Ehe ohne Trauschein bis zur „offenen Ehe“ den

Mund nicht aufkriegt, der katapultiert sich selbst mit seinem Schweigen aus dem Dialog und dem schöpferischen Diskurs.

Es ist kein Zufall, dass immer wieder Frauen in der Therapie klagen: *Mein Mann versteht meine Entwicklung nicht. Er begreift mein neues Denken, Fühlen, meine neue Umgebung und meine veränderte Sprache nicht. Er bleibt stehen. Er hemmt mich.*

Das ist die eine Seite der Liebe, die, wie nie zuvor, eine Geschlechterdemokratie, Dialog- und Verhandlungsbereitschaft, ehrliche Diskussionen und alltägliche Abstimmungen und Vereinbarungen voraussetzt. Da Frauen auf die Gefühle setzen und an einer lieblosen Beziehung wie Primeln ohne Wasser eingehen, sind sie es auch, die die männliche Bezugslosigkeit und das maskuline Verdrängen der Probleme nicht mehr mitmachen: Zwei Drittel aller Scheidungen werden von Frauen eingereicht. Das sollte uns Männern zu denken geben.

Die andere Seite der Liebe ist, über alle Verständigungsmoral, Positionsklärungen und „Tarifvereinbarungen“ hinaus, ihre erschütternde Existenzialität. Sie drückt sich in dem kleinen, anonymen mittelhochdeutschen Gedicht aus, das am Anfang dieses Kapitels steht: *Du bist beschlossen in meinem Herzen/verloren ist das Schlüsselein/du musst auch immer darinnen sein.*

Natürlich ist die Ehe ein Vertrag, der gekündigt werden kann, und dies mit allen juristischen Finessen. Aber die Liebe ist ohne Zweifel mehr. Sie erfasst unsere ganze Existenz. Sie bedeutet ebenso Geborgenheit wie Akzeptanz. Der tiefreligiöse Fjodor Dostojewski charakterisierte diese Liebe mit den Worten: *Einen Menschen lieben, heißt ihn so sehen, wie Gott ihn gemeint hat.*

Wenn dieses große Ja in der Liebe fehlt, das spüre ich bitter in mancher Paartherapie, dann ist alle Mühe des psychologischen Maklers umsonst. Es fehlt das Ergriffensein durch den anderen, die Anrührung, die fassungslose Dankbarkeit über die Begegnung mit dem anderen. Es fehlt, ich wage es zu sagen, ein Mysterium zwischen den Liebenden. *Amor vincit omnia* bekundete der römische Dichter Vergil, *die Liebe besiegt alles.*

Was das mit unserem Thema zu tun hat? Ich kann zu dieser hingebenden, bewundernden und dankbaren Liebe zum Partner nur finden, wenn ich den Raum, das „Zimmer“, meines Selbst besetzt, möbliert, ausgeschmückt, behaglich und reich gemacht habe. Nur aus dieser Ebenbürtigkeit heraus vermag ich mit aufrechtem Gang das „Zimmer“ des anderen zu betreten. Habe ich mir selbst keinen inneren Raum gestaltet, sondern nur eine armselige Absteige und Provisorium der Ich-Repräsentation eingerichtet, so werde ich meiner Frau, meinem Mann, mit destruktivem Neid oder kompensatorischer Überheblichkeit gegenübertreten. Die Liebe verlangt Ebenbürtigkeit.

Wenn ich nicht in mir selbst ruhe, und nicht in den lichten Salons und kuscheligen Kammern eines reichen Ich-Komplexes residiere, dann werde ich, wie Erich Fromm in seiner *Kunst des Liebens* schrieb, zu einer armseligen und erpresserischen, unreifen Liebesformel neigen: *Ich liebe dich, weil ich dich brauche.* Warum heirate ich dann nicht gleich meine Putzfrau oder meinen Steuerberater? Die reife Liebesformel müsste doch, wie Fromm die Magie der Paarsynthese beschwört, lauten: *Ich brauche dich, weil ich dich liebe.*

Das Ja in der Liebe sagt sich leicht hin. Tatsächlich muss es über Jahrzehnte der Paarevolution hinweg immer wieder neu verwirklicht werden. Denn jedes Paar befindet sich in einem mehr oder weniger labilen *Fließgleichgewicht* (Hans Jellouschek). Da gibt es Phasen relativer Stabilität und Abschnitte vorübergehender Unsicherheit. Denn es gibt nicht *das* Paar, sondern das Paar in der *Jugend*, das Paar in der *Mitte* des Lebens, das Paar in den unterschiedlichen Perioden des *Alters*.

Ein junges Paar zieht zusammen und muss sich in Wohnungsfragen und Lebensstil arrangieren. Es tut alles, um zu einer gewissen Ruhe und Stabilität zu gelangen. Das geht nicht ohne Ärger und Kompromisse. Es fängt schon bei so einfachen Problemen an, dass ein Partner vor dem Einschlafen die Schlafzimmerfenster hermetisch abschließt und die Rollos fugenlos herunterlässt. Das ist für den anderen Partner ein Kerkerszenario. Er liebt offene Fenster, frische Luft und Freiheit.

In dem Prozess von der Verliebtheit zum gemeinsamen Leben müssen nicht nur unterschiedliche Lebensstile, sondern auch Wertvorstellungen, gesellschaftliche, geschlechtsspezifische, berufliche, religiöse, manchmal auch altersmäßige Normen integriert werden. Wir haben verschiedene Charaktere. Wir haben verschiedene biografische, politische und ästhetische Ausgangspunkte.

Das Ja in der Liebe besteht in unserer Bereitschaft und Fähigkeit, aus den Differenzen in einem komplizierten Prozess von Akzeptanz und Negation die schöpferische Synthese eines neuen Dritten zu schaffen. Das fängt ganz banal damit an, wenn wir zum ersten Mal, meist wenn das erste Kind geboren ist, Weihnachten bei uns feiern und die Traditionen der einen mit der anderen Familie verschmelzen.

Selbstverständlich bringen unsere Kinder sowohl Stabilität wie Instabilität in unser Leben. Sie stabilisieren uns, weil wir jetzt auf Gedeih und Verderb zusammenhalten müssen und unsere Beziehung eine noch nie gekannte Tiefendimension erhält. Als Eltern sind wir, selbst wenn wir uns scheiden lassen, bis an das Ende unserer Tage durch die nie endende Elternschaft aneinander gebunden. Andererseits, beschert das Kleinkind schlaflose Nächte, mancherlei Sorgen, und, fast immer, eine gestörte Sexualität.

Hinzu kommen die sogenannten *kritischen Lebensereignisse*, worunter die Familientherapie Krankheit, Tod, Kündigung, schweres Schulversagen, Suizidversuche, Sucht, finanzielle Insolvenz, kurz die kaum je zu vermeidenden Familienkatastrophen versteht. Hieran härtet sich das Ja in der Liebe. Deswegen begegnen wir auch vitalen alten Ehepaaren, die es Jahrzehnte *mit sich geschafft haben*, mit einem gewissen Respekt.

Nach einem Vortrag in Norddeutschland über Chance und Krise der Partnerschaft stand einmal ein über achtzigjähriges Ehepaar am Ende vor dem Tisch, an dem ich Bücher signierte. Erstaunt fragte ich, was sie in meine „Krisenwerkstatt" geführt habe. Da antwortete der temperamentvolle Mann unter Zustimmung seiner Ehefrau vergnügt: *Wir wollten doch einmal sehen, ob wir's im Großen und Ganzen richtig gemacht haben mit unserer „Beziehungskiste", wie Sie es nennen. Wir haben es!*

In der *Frühphase* eines Paares, das Kinder in die Welt setzt, muss sich da Ja in der Liebe besonders bewähren. Das ist nämlich nicht einfach. Denn oft verstehen Mann und Frau sich im zermürbenden Alltag nurmehr als *Vati* und *Mutti*. Sie wundern sich dann, wenn ihnen gleich zwei Räume des Lebens abhanden kommen – einmal der je eigene, intime Seelenraum der Selbstverwirklichung, der von den Mühen der Mutterschaft und der beruflichen Produktionsschlacht erdrückt wird, zum anderen der lebenswichtige Paarraum, der, jenseits der Kinder, das wärmende Kaminfeuer der partnerschaftlichen Interessen enthält.

Susanne, die Offiziersfrau, von der wir am Anfang unseres Buches hörten, rückte diesen Ich- und Wir-Verlust eines vom Alltag überrollten Ehepaares mit den Worten ins Bild: *Ich war nur noch die Glucke für meine Küken. Er war ja ständig abwesend. Wenn er da war, trank er und schnauzte herum. Aber er wurde auch, das muss ich gerechterweise sagen, durch seinen Beruf, die ständige Unruhe und die permanenten Versetzungen, aufgefressen. Er war auch nicht glücklich. Ihn hat es sicher gekränkt, dass ich ihm so oft die Sexualität verweigerte. Aber ich war am Abend schlicht von der Arbeit und Kinderbetreuung ausgelaugt und konnte nicht mehr, außerdem ekelte ich mich vor seiner Bierfahne. Wir funktionierten nur noch als eine finanzielle Familien-GmbH, als Gesellschaft mit beschränkter Haftung. Wir fanden nicht mehr zusammen, aber auch nicht auseinander.*

Das Ja in der Liebe erweist sich in dieser Phase auch daran, ob wir uns verzeihen können. Susanne und ihr Mann konnten es nicht. Sie gerieten damit in einen Teufelskreis: Je mehr er sich familiär ausgrenzte und trank, desto mehr verweigerte sie sich ihm sexuell. Je „frigider" sie sich gerierte, desto mehr flüchtete er in sein Militärleben und in den Alkohol. Je mehr er beruflich rackerte, desto auswegloser mauerte sie … So verloren sie sich nach und nach als Mann und Frau aus den Augen. An die Stelle eines existenziellen Ja füreinander war ein verschwommenes „Jein" getreten.

Spätestens im *mittleren Alter* ist das Paar erneut auf das fundamentale Ja in der Liebe angewiesen. Die Kinder gehen aus dem Haus. Die Altersphase beginnt. Die meisten Männer haben den Höhepunkt ihrer Karriere überschritten, das Berufsende leuchtet am Ende des Tunnels auf. Die Frauen gehen wieder in ihren alten Beruf oder sie machen eine Umschulung oder sie wählen Teilzeitarbeit. Jetzt müssen sich Mann und Frau, „kinderlos“ geworden, als Paar auf ein neues Gleichgewicht einspielen. Es ist Zeit für eine Zwischenbilanz, die nicht immer zufriedenstellend ausfällt.

Da sagt der Mann: *Eigentlich habe ich nur gearbeitet. Die Kinder habe ich kaum mitbekommen. Mit dem Beruf und dem Hausbau war es, alles in allem, doch eine Mühsal.* Die Frau registriert: *Was habe ich eigentlich aus meinen Fähigkeiten gemacht? Die Kinder haben meine Kräfte restlos absorbiert. Außer Spesen nichts gewesen. Jetzt bin aber endlich ich einmal dran.*

Das Paar muss sich nun, jeder für sich, einen neuen Gestaltungsraum, ein Zimmer für sich allein, suchen und ihn neu möblieren. Aber auch das *Zimmer für uns beide* muss neu gestaltet werden. Fehlt beiden oder einem von beiden das enthusiastische Ja in der Liebe, dann kann es zur Katastrophe und zur Trennung kommen. Ist der schöpferische Vulkan der Liebe dagegen nicht erloschen, so beziehen beide, jeder für sich allein und beide zusammen, Kraft aus der Feuerglut.

Das achtzigjährige Paar, das mich nach meinem Vortrag so heiter ansprach, erzählte mir noch in wenigen Sätzen: *Als unsere Kinder mit dem Studium fertig waren und sich unsere finanzielle Lage erleichterte, gingen wir beide auf Rente. Wir haben die neue Phase genossen. Beide erfüllten wir uns einen Traum. Mein Mann machte den Motorflugschein und flog mit mir mit einer kleinen gemieteten Maschine sogar über den Grand Canyon in den USA. Ich, die ich Studienrätin für Latein und Mathematik gewesen war, studierte Biologie und machte mit sechsundsechzig Jahren den Doktor.*

Die letzte und größte Bewährungsprobe für das Ja in der Liebe stellt sich im *Alter*. Jetzt signalisieren Gebrechlichkeit, Krankheit und schließlich der Tod den langsamen Abschied von der Welt. Wie nie zuvor ist das Paar aufeinander angewiesen. Hier gilt es oft, starke Ungleichgewichte im Geben und Nehmen anzunehmen. In der Mehrheit sind es ja die Männer, die mehr krank werden, gepflegt werden müssen und früher sterben. Das Ja in der Liebe bedeutet dann, *wie Pech und Schwefel* zusammenzuhalten, ja, die Fürsorge für den Partner selbst dann noch zu übernehmen, wenn er altersverwirrt und persönlichkeitsreduziert geworden ist.

In einem Dokumentarfilm über Alzheimer-Patienten und ihre Angehörigen sah ich einmal einen greisen Mann, der seine infantil gewordene Ehefrau wie eine Mutter ihr Kind beschützte. Bescheiden sagte dieser großartige Mann: *Sie hat ein ganzes Leben lang für mich gesorgt. Jetzt bin ich dran. Ich kann sie doch nicht im Stich lassen.*

Das Ja in der Liebe bewährt sich in den konkreten Konflikten. Es basiert, wie der Tübinger Paartherapeut Hans Jellouschek ausführt, auf vier Voraussetzungen. Da ist einmal das ausgewogene Verhältnis von Autonomie und Bindung. Dafür sind Frau und Mann verantwortlich. Jellouschek: *Die Frau sollte nicht zu Gunsten der Familie auf ihre Autonomie verzichten, sondern sich gezielt Freiräume ganz für sich selbst schaffen. Umgekehrt sollten Männer darauf achten, dass sie sich entsprechend an die Familie anbinden und sich nicht nur für den äußeren Rahmen verantwortlich fühlen (Psychologie heute 8/2001).*

Da geht es zweitens um ein ausgewogenes Wechselspiel zwischen Geben und Nehmen. Jellouschek: *Gibt aber der eine immer mehr als der andere, dann entsteht zwischen den Partnern ein Gefälle. Derjenige, der mehr gibt, wird sich irgendwann ausgebeutet fühlen, und derjenige, der nur noch nimmt, wird ein immer schlechteres Gewissen bekommen.*

Das ist drittens eine egalitäre Machtverteilung. Natürlich geht es in jeder Beziehung auch um Macht. So verfügt beispielsweise der Mann über die Machtquelle Geld und kann damit die Frau unterdrücken, indem er ihr nach Gutdünken „Haushaltsgeld“ zuteilt oder den finanziellen Hahn abdreht. Aber auch Sexualität ist eine Machtquelle. Mit der sexuellen Verweigerung vermag die Frau den liebesbedürftigen Mann nackt die Wand hochzutreiben. Selbst Kinder sind eine Machtquelle, wenn sie von der mit ihnen innig verbundenen Mutter gegen den Vater ausgespielt werden oder wenn umgekehrt der Mann sich ein Kind „kauft“, das heißt mit Geldaufwendungen und Geschenken besticht.

Schließlich und viertens ist, wie wir sahen, das Verharren im *Museum der Verletzungen* ein Todfeind der Ebenbürtigkeit. So muss das Paar den berühmten „Seitensprung“ gemeinsam aufarbeiten, beider „Schuldanteile“ ermitteln und dann großzügig einen Schlussstrich ziehen. Sonst kommt es zu einer Jahre währenden, ja vielleicht sogar lebenslänglichen Theaterinszenierung von armem „Opfer“ und bösem „Täter“ nach dem Motto: *Die Schöne und das Biest* beziehungsweise *Der Edle und die Schlampe*. Hass weist auf schwere Defizite in der Beziehung. Die meisten Frauen und Männer gehen nicht aus Leichtfertigkeit in eine Außenbeziehung.

Dass das existenzielle Ja in der Liebe immer wieder neu erarbeitet werden muss und nicht einfach ein immerwährendes Kapital darstellt, liegt auf der Hand. Dass das Ja seinen dialektischen Gegenpart, das Nein in der Liebe, benötigt, werden wir gleich sehen.

Da Ja in der Liebe ist jedoch unabdingbar. Wenn man es nicht spürt, sollte man gehen, um dem anderen nicht unnötig Schmerz zuzufügen. Wenn ich einem anderen Menschen gegenüber das Ja in der Liebe ausspreche, ist es auf geheimnisvolle Weise zugleich das *Ja zu mir*. Der Theologe, Psychoanalytiker und Poet Eugen Drewermann hat diese mystische Wegführung in unvergleichlich zarte Worte gerückt:

*Immer wenn ich zu Dir gehe,*
*fängt die Welt zu klingen an.*
*Und du bist in ihren Stimmen*
*wie ein großer Lobgesang.*

*Immer wenn ich zu Dir gehe,*
*spricht die Taube auf dem Dach.*
*Kündet Deine warme Nähe,*
*und mein Herz folgt ihr gern nach.*

*Immer wenn ich zu Dir gehe,*
*spricht die Sonne, spricht der Wind,*
*drängt mich alles, was ich sehe,*
*dass wir bald zusammen sind.*

*Immer wenn ich zu Dir gehe,*
*ist es wie ein Weg zu mir.*
*Denn Du bist in meinem Herzen,*
*und ich bin ein Teil von Dir.*

# Das Nein in der Liebe

*Feiger Gedanken*
*Bängliches Schwanken,*
*Weibliches Zagen,*
*Ängstliches Klagen,*
*Wendet kein Elend,*
*Macht dich nicht frei.*

*Allen Gewalten*
*Zum Trutz sich erhalten,*
*Nimmer sich beugen,*
*Kräftig sich zeigen*
*Rufet die Arme*
*Der Götter herbei.*

Goethe an Herzogin Luise,
30. 1. 1777

Besteht die Liebe nur aus dem Ja? Fast möchte es so scheinen. Denn nichts ängstigt uns, besonders am Anfang unserer Verliebtheit, so sehr als das Nein, das plötzlich und überraschend auftaucht. Es scheint uns

DEN NÄCHSTEN, DER REINKOMM LEG' ICH UM!

wie eine Welturaufführung der Negation. Gerade noch sind wir in seliger Verschmelzung geschwommen, haben Tag und Nacht miteinander geteilt, haben vom gleichen Tellerlein gegessen, vom gleichen Becherlein getrunken, im gleichen Bettlein geschlafen. Wir haben nie gekannte Übereinstimmungen entdeckt, wir sind ineinander verschmolzen zu einem Magmastrom der Liebe, wir haben förmlich unsere Identität ausgelöscht – und da steht unversehens ein Nein drohend und schwarz wie eine Gewitterwand.

Aus dem gemeinsamen Eiland der Liebe werden mit diesem jähen Nein plötzlich wieder zwei abgesteckte Reviere. Jeder von uns wird sich seiner letztlichen Einsamkeit und Isolation bewusst. Das macht Schrecken. Das sitzt in den Knochen. Meist springen wir schnell über dieses erste Nein hinweg. Wir suchen erneut das Schaumbad der entgrenzenden Harmonie auf. Wir assoziieren das Nein mit Abschied, Trennung und Scheidung.

Wir stecken in der Sackgasse unserer Unerfahrenheit. Wir beherrschen noch nicht die Dialektik von Ja und Nein, wie der Schweizer Theologe und Psychotherapeut Peter Schellenbaum in seinem Buch *Das Nein in der Liebe* feststellt: *Wir können noch nicht zwischen einer Abwehr unterscheiden, die eigentlich nur die in jeder Bindung nötige Abgrenzung meint und einer Abwehr, die über die Abgrenzung hinaus den anderen vom eigenen Leben ausschließen will. Wir haben noch nicht gelernt, in der Liebe nein zu sagen.*

Wer jedoch zum Partner nicht Nein sagen kann, der bringt auch kein richtiges Ja mehr zu ihm über die Lippen. Wo ich mein Wesen nicht mehr von der Persönlichkeit des anderen abgrenzen kann, da entsteht ein Mischmasch, ein Verfließen, ein stumpfes Niemandsland. Auch Völker brauchen Grenzen der Territorien, der Sprache, der nationalen Gesetzgebung, Bräuche und Riten. Sonst gibt sich ein Volk auf. Ein Volk ist nicht wie das andere, ein Mensch nicht ein Klon des anderen.

Gewiss habe ich mit meinem Partner viele Interessen gemeinsam, das ist ja gerade das Fixativ unserer Beziehung, aber wir pflegen doch auch unterschiedliche, ja diametrale Interessen: Du spielst Klavier, du liest Lyrik, du bist an Kochen, Mode und Frauenbewegung interessiert. Ich liebe meine Leichtathletik, meine Sciencefiction-Romane, die Arbeit an meinem fantastischen Computer, die Bundesliga und Freejazz.

Diese Unterschiedlichkeit zwischen uns bildet kein negatives, sondern ein positives Nein, sie stellt den fruchtbaren Kern unserer gegenseitigen Anziehung, Neugier und Verblüffung dar. Wir zwei leben keinen identischen Lebensentwurf, sondern jeder hat neben den gemeinsamen Persönlichkeitsstrukturen auch faszinierende Bildungs-, Charakter- und Leistungsunterschiede. Gerade diese Unterschiedlichkeit ist, wenn wir sie nutzen, der Treibsatz unserer einzelnen wie gemeinsamen Entwicklung. Wir können dankbar sein um unsere gegenseitige *Leitbildspiegelung*.

Was bedeutet dieses Wort *Leitbildspiegelung*? Peter Schellenbaum benutzt es und definiert diese Spiegelung so: *Sie ist die vollständigste Form der Gefühlsbeziehung. Der Mensch, den ich liebe, wird mir zum Leitbild, das eigene, mir bisher unbekannte Lebensmöglichkeiten spiegelt: meine Entwicklungsdynamik.*

Während ich dies schreibe, fällt mir die schöne Begegnung mit Friedrich und Hannelore (beide Namen geändert) ein. Sie suchten wegen eines Familienproblems meine Praxis auf. Ganz am Rande und gegen Schluss der zweistündigen Sitzung hatte Friedrich, zu meiner freudigen Überraschung, das Bedürfnis, seiner Frau Dank für fast dreißig Jahre Ehe auszudrücken. Friedrich sagte: *Ich bin Sport- und Erdkundelehrer. Mit Büchern habe ich es nie gehabt. In meiner Familie gab es weder Bücher, Musikinstrumente noch tiefere Gespräche. Theater und Konzertsaal habe ich mit meinen Eltern nie kennengelernt. Ich war noch als junger Lehrer ganz auf Sport, vor allem auf meinen Tennisklub, fixiert. Als Sohn aus einfachem Haus meinte ich dort, die „große Welt" kennenzulernen und Eintritt in sie zu finden. Heute weiß ich, wie flach der ganze Haufen war. Als ich dich kennenlernte, hattest du gerade dein Musikstudium abgeschlossen. Du spieltest wundervoll Klavier, Cello und Gitarre. Du sangst Schubert-Lieder und warst so belesen in der klassischen und modernen Literatur, dass ich mir wie ein Dummkopf vor dir vorkam. Du hast mich aber nie ausgelacht.*

*Im Gegenteil, du hast mich in die Welt der Musik und Literatur eingeführt und mich richtig ehrgeizig gemacht. Ich wollte auch so ein tolles Ar-*

*beitszimmer wie du mit Büchergestellen bis an die Decke und Reproduktionen von Picasso, Leger und Modigliani an den Wänden. Ich habe viel Musik gehört und viel gelesen. Das hat mich so reich gemacht. Aus einem tumben Tor ist ein gebildeter Mann geworden. Dass ich vor einigen Jahren den Mut hatte, Saxophon zu lernen und jetzt in einer Band spiele, ist dein Verdienst. Du hast mir das teure Saxophon zum fünfundzwanzigsten Hochzeitstag geschenkt. Ich kann gar nicht sagen, wie dankbar ich dir bin.*

Man stelle sich vor, Hannelore hätte aus falsch verstandener Liebe auf ihre Musik- und Literaturinteressen verzichtet und nur noch mit Friedrich Tennis gespielt und gejoggt. Sie hätte sich selbst mit diesem falschen Ja verraten und überdies eine geistige Entwicklung Friedrichs unmöglich gemacht. Hannelore brach bei der Danksagung ihres Mannes in Tränen aus. Ich habe es versäumt, sie nach Friedrichs *Leitbildspiegelung* zu befragen.

Aber ich vermute, dass sie, die aus einem ätherischen, weltabgewandten Musikerhaushalt stammte, von Friedrich Robustheit, sportliche Aggression und kämpferischen Willen lernte. So gesehen ist jeder von uns gegenüber seinem Partner ein lebendes und schöpferisches Nein auf zwei Beinen: *Nein, ich bin nicht so wie du. Ich bin ein anderer. Ich bin eine andere. Und das ist gut so – für uns beide.*

Wenn Liebende nicht Nein zu sagen vermögen, dann gefährden sie ihre Beziehung. Sie kehren das Trennende unter den Teppich. Sie tragen verborgenen Groll mit sich herum, der nicht abfließen darf. Sie verbiegen sich, sie wagen ihr eigenes Leben nicht mehr. Sie begeben sich in die lebenslängliche Dauerhaft einer Zweierzelle ihres selbst errichteten Beziehungskerkers. Der Mensch ist ein In-dividuum, eine nicht mehr weiter zu teilende Einheit, ein Unikat und kein Doppel.

Wie lautet das sarkastische Sprichwort: *Jeder Mensch wird als Original geboren. Die Meisten enden als Kopie.* Die Liebe ist ein Kind der Freiheit, sie gedeiht nicht im Käfig oder in der Angleichung bis zur Bewusstlosigkeit.

Früher war beim Rollenspiel zwischen Mann und Frau alles einfacher, aber auch ungerechter. Der Mann spielte die Rolle des Eroberers draußen im stürmischen Leben, die *züchtige Hausfrau* (Schiller) waltete drinnen am Herde im Dunstkreis von Kindern, Küche und Kirche. Noch in meinem Elternhaus, das ursprünglich Aristokraten gehörte, gab es in meiner Kindheit ein *Herrenzimmer* und ein *Damenzimmer*. Das Herrenzimmer war groß, wuchtig und mit einem rustikalen Kamin versehen, das Damenzimmer zierlich mit einer antiken grünen Tapete und einem ebenso grünen zierlichen Biedermeierofen. Meine Mutter pflegte ihre Freundinnen im *Damenzimmer* zu empfangen. Eine solche Architektur der Gefühle gab Frau und Mann einen festen Standort und positionierte das gegenseitige Nein der Rollen sichtbar.

Das Nein in der Liebe ist das Eingeständnis der Individualität. Das bedeutet: *Ich bin jetzt mit meinen Freundinnen im Damenzimmer, da hast du bitte nichts zu suchen.* Oder: *Ich feiere einen Herrenabend mit meinen Freunden. Kannst du mich bitte mit ihnen allein lassen?*

Nur wo ich Nein sage und meine Grenzen behaupte, kann ich umgekehrt bewusst über diese Grenze auf den anderen zugehen oder ihn über meine Grenze zu mir bitten. Wo ich immer schon beim anderen bin und mit ihm verschmelze, da klammere ich. Da ist kein spannungsvoller, zu überschreitender Abstand zwischen uns. Es herrscht Langeweile und emotionale Überschwemmung. Man kann von einem Partner zu wenig Nähe bekommen, wie wir im Kapitel über die männliche Distanz sehen, man kann aber auch *zu viel* Nähe bekommen. Wir kennen das alle: Wenn wir einen intensiven Zweierurlaub abgeschottet im Ferienhäuschen und mit wenigen Kontakten zu anderen Menschen verbracht haben, dann suchen wir, nach Hause zurückgekehrt, jeder erst einmal Abstand voneinander. Wir freuen uns auf die eigenen menschlichen Reviere.

Schellenbaum formuliert dieses Lob des Neins mit hinreißender Sprachkraft: *Nur der in seinem Herzen Einsame kann lieben. Nur wer sich schmerzlich im innersten Kern vom anderen verschieden und deshalb ohne des anderen Beistand fühlt, ist zum Eros fähig … Wer seines Partners zu sicher ist, kann ihn nicht mehr lieben, denn in seiner Sicherheit übersieht er den Abgrund, der ihn vom anderen trennt. Das Bewusstsein der Fremdheit schafft die seelische Voraussetzung zur Liebe. Dies ist der Grund, warum die Liebe in vielen Ehen so schnell erstickt: weil ihr der Sauerstoff der Freiheit, Autonomie, Ungewissheit und Einsamkeit ausgeht … Es ist wichtig, dass Liebende von Zeit zu Zeit jeder für sich allein sein können. Auch wenn Kinder da sind, müssen Phasen des Alleinseins für beide organisiert werden. Es gibt Probleme, mit denen ein Mensch allein fertig werden muss.*

Um dieses schöpferische Nein, das natürlich immer vom grundsätzlichen Ja getragen ist, leben zu können und ein geistiges *Zimmer für mich* zu realisieren, in das ich den anderen nur als Gast und nach freundlichem Klopfen einlasse, brauche ich ein starkes Ich und Selbstbejahung. Denn wenn ich chronisch unsicher und verunsichert bin, werde ich dazu neigen, auch gegen meine eigenen Gefühle nur lauwarm Ja zu sagen, weil ich keinen Eigenraum gegen die Herausforderung des Partners zu setzen vermag.

Die Ehe ist, wie Nietzsche einmal betonte, *vor allem ein lebenslanges Gespräch.* Worüber soll denn gesprochen werden, wenn die Partner keine reiche eigene Innerlichkeit und interessant ausgestattete Eigenräume besitzen?

Der verstorbene Wiener Psychiater Erwin Ringel stellt in seinem Buch *Fliehen hilft nicht. Vom richtigen Umgang mit Problemen* fest: *Wer eine gute, natürliche, gesunde Beziehung zum ei-*

*genen Ich hat, der wird im Stande sein, zum Partner eine Beziehung aufzubauen, welche eine von Subjekt zu Subjekt ist, denn er braucht den anderen nicht, um sich selbst zu bestätigen; er ruht gewissermaßen in sich selbst. Wo es jedoch zu einer Verunsicherung des eigenen Ichs, etwa zum Minderwertigkeitskomplex gekommen ist, dort wird der andere benötigt, um auf dessen Kosten das ramponierte Selbstgefühl wieder herzustellen. Hier entsteht also nicht eine Beziehung zwischen zwei Subjekten, sondern der andere wird zum Objekt, zum bloßen Mittel zum Zweck degradiert. Es ist auch nicht annähernd zu vermuten, wie oft dieser Vorgang heute vorkommt und wie oft auch an ihm zwischenmenschliche Beziehungen scheitern.*

Vergessen wir nicht, schon das Kleinkind leistet, oft zu unserem Ärger, seine Individuation durch die lebensnotwendige *Trotzphase*. Durch dieses chronische *Nein* der Trotzphase grenzt es sich vor allem von der verschlingenden „Qualle" Mutter ab. Es entdeckt sein Ich, seine eigenen Strebungen, ja auch seine Macht über die Eltern. Einem Kind, dem in dieser Phase das geistige Rückgrat gebrochen wird, wird der Eigen-Sinn genommen. Es degeneriert zur neurotischen Marionette.

Frauen stehen traditionell stärker auf der Seite des *bedingungslosen* Ja. Ein Ja sollte aber bedingt sein, sonst wird es ausgenutzt und ist schutzlos. Ich finde es in der Therapie immer lustvoll, Frauen zum kreativen – nicht destruktiven – Nein zu animieren. Es ist, wie wir gesehen haben, der Abschied vom weiblichen Gehorsam und der Selbstversklavung.

Die von uns bereits erwähnte Colette Dowling rühmt dieses abwägende Nein der Frauen in ihrem Buch *Der Cinderella-Komplex* so: *Der Glaube an sich selbst liegt allem zu Grunde. Ich habe gelernt, dass man Freiheit und Unabhängigkeit nicht von anderen erhalten kann – nicht von der Gesellschaft, nicht von Männern –, sondern dass man sich nur mühevoll von innen zur Freiheit entwickeln kann. Natürlich muss man einen Preis dafür bezahlen. Wir müssen unsere Abhängigkeiten aufgeben, die wir wie Krücken benutzt haben, um uns sicher zu fühlen.*

Das macht Angst. Wer schmeißt schon leichtfertig als Fußkranker seine Krücken weg? Doch einmal muss es sein, sonst atrophieren die nicht mehr geübten Muskeln. Sie werden schlaff wie gekochter Spargel. Colette Dowling macht jeder Frau Mut: *Aber dieser*

*Tausch ist nicht wirklich gefährlich. Die Frau, die an sich selbst glaubt, muss sich nicht mit leeren Träumen von Dingen, die jenseits ihrer Fähigkeiten liegen, zum Narren halten, und sie schreckt nicht vor den Aufgaben zurück, für die sie kompetent und vorbereitet ist. Sie ist realistisch, sie steht mit beiden Beinen auf der Erde und sie liebt sich selbst. Nun endlich kann sie auch andere lieben – weil sie sich liebt. Sie ist die befreite Frau.*

Am Anfang steht das Nein. Es ist das Nein der fleischgewordenen Befreiung. Außerdem: Wer von uns will schon einen chronischen Ja-Sager und Kopfnicker zum Partner? Selbst meine Hündin Halva toleriert durchaus nicht alles, was ich mache und was ich von ihr verlange. Wenn ich sie auffordere, auf eine eineinhalb Meter hohe Mauer, auf der ich sitze, zu springen, dann bellt sie mich wütend an. Recht hat sie. Ich muss ihr Nein akzeptieren.

Das Nein in der Liebe zwingt uns zur Auseinandersetzung, zur Klärung, zu produktivem Streit. Ohne das Nein tritt die Liebe auf der Stelle. *Wenn ich vor Jahren meinem Mann nicht gesagt hätte, dass ich es ablehne, meinen Lebenssinn als Sekretärin in seinem Steuerbüro zu sehen, dann säße ich heute noch unbezahlt dort,* konstatierte eine Klientin von mir: *Er war dagegen und hat mich mit allen Mitteln zur Übernahme des Postens einer „Chefsekretärin" an seiner Seite – er hat zwei Angestellte! – zu überreden versucht. Ich habe aber eine Ausbildung zur Krankenschwester, später zur OP-Schwester absolviert. Ich liebe meinen qualifizierten Beruf und das spannende Arbeitsmilieu.*

Es ist aber durchaus nicht so, als ob nur Frauen Schwierigkeiten mit dem Nein in der Liebe hätten. In den letzten Jahren sind mir zunehmend junge Ehemänner aufgefallen, die ich, man verzeihe mir das harte Wort, als Waschlappen empfinde. Sie leben an der Seite ewig unzufriedener, chronisch nörgelnder und untüchtiger Frauen. Diese jungen Ehefrauen haben sich, nach Absprache mit ihrem Ehemann, für Kinder und damit für einige Jahre Kindererziehung und Haushaltsführung entschieden – aber sie packen es überhaupt nicht. Sie haben nie gelernt, wie ein Haushalt professionell zu führen ist, und sie sind auch jetzt nicht bereit dazu. Sie gehen beispielsweise jeden Tag neu einkaufen, betreiben also keine Vorratshaltung, sie kochen von einem Eintopf nicht eine Doppelportion zum Einfrieren und damit zur künftigen Arbeitsersparnis. Sie haben keinen täglichen Arbeitsplan. Sie erziehen die Kinder zu kleinen Tyrannen, die ununterbrochen Aufmerksamkeit erheischen, jedes Erwachsenengespräch grundsätzlich stören und die, angeblich nach einem geheimnisvollen genetischen Gesetz, erst gegen neun bis zehn Uhr abends schlafbereit sind.

Selbstverständlich findet der Mann, der als Pendler nach einem harten Zehnstundentag und einer im Aufbau befindlichen Berufskarriere erschöpft nach Hause kommt, keinen gedeckten Tisch vor. Er wird mehrmals täglich mit dem Gejammere seiner jungen Frau über die *unmöglichen Kinder* telefonisch genervt. In seiner kärglichen Freizeit muss er sich um Windeln und Hausputz kümmern, obwohl eine Zugehfrau zur Verfügung steht.

Diese jungen Ehemänner machen mir einen hilflosen und verzweifelten Eindruck. Sie wagen kein klares Nein. Sie flüchten stattdessen in kleine verschwiegene Rückzüge und kontraproduktive Bockigkeiten. Ich schreibe das ungern. Bin ich frauenfeindlich, wenn ich das feststelle?

Die Gestalttherapeutin Astrid von Friesen

hat als Frau das gleiche Phänomen der weiblichen Nörgelei und der männlichen Schlappschwänzigkeit ausfindig gemacht. Sie schrieb in einem Beitrag vom 13.03. 1999 für die *Süddeutsche Zeitung* unter dem Titel *Eine Generation im Dauerflunsch. Müssen Mütter so unzufrieden sein? – Kleine Strafpredigt nach 30 Jahren Emanzipation:*

*Sie übersieht völlig, es ist buchstäblich nicht auf ihrer Rechnung, dass er zehn Stunden am Tag für die Familie arbeitet. Männliche Erwerbsarbeit zählt bei Frauen immer weniger, als sei jeder Job ein Jux oder die pure zehnstündige Selbstverwirklichung im Liegen. Nur die eigene Arbeit zu Hause hat Gewicht. Dann die provozierende Frage: Wenn er sich zehn Stunden mehr oder weniger quält, warum kann sie dann nicht die „doofe" Hausarbeit ebenfalls in dieser Zeit erledigen, so dass der Feierabend und das Wochenende frei sind für sie als Paar, für die von beiden geliebten Kinder und zur Erholung? Großes Erstaunen bei ihr, eine völlig neue Sicht auf die Welt und die Gerechtigkeit. Es ist ihr absolut ungewohnt, sich mal nicht als alleiniges Opfer zu betrachten, sondern zu erfahren, dass sich ein anderer Mensch als Opfer von ihr fühlt. Neu auch zu realisieren, dass ein anderer Mensch ebenfalls physische und psychische Grenzen hat. Völlig neu, dass es zufällig der eigene Mann ist.*

Astrid von Friesen fragt verblüfft: *Warum schaffen es junge Frauen nicht, innerhalb von zehn Stunden einen kleinen, volltechnisierten Haushalt und die Betreuung von zwei Kindern zu erledigen? Die Psychoanalyse lehrt: Nicht können, heißt nicht wollen!*

Die couragierte Psychotherapeutin zieht ein Fazit: *Was heißt eigentlich Emanzipation? „Befreiung aus einem Zustand der Abhängigkeit; Verselbständigung; rechtliche und gesellschaftliche Gleichstellung" (Duden 1990). Nirgend steht, dass die Opferhaltung dazugehört, dieses quengelige, nörglige Kleinmädchengehabe mit Dauerflunsch wie bei Schwerpubertären. So haben wir uns das damals nicht vorgestellt, dass die Jüngeren zwar partizipieren, aber wie unmündige Prinzessinnen quengeln. Warum kämpfen sie nicht aufrecht, lustvoll, kreativ und mit allen ihren fabelhaften Voraussetzungen für mehr Gerechtigkeit auf dieser Welt? Warum der Rückzug ins Missmutige, ins Geldzählen, ins Eigenheim, ins Dekorative, ins Depressive?*

*Sie haben doch alle Möglichkeiten, die Dreißi-*

*ger: Selbsthilfegruppen, Müttertreffs, Therapie jeglicher Couleur, Freundinnen im Dutzend und die Freiheit hoher Telefonrechnungen. Warum also entsteht keine neue Frauenpower? Nur dieses Zierpuppengehabe, diese Menschenverachtung in Richtung Männer. Ja, es stimmt, viele von denen müssen sich noch heftig weiter emanzipieren. Aber viele der jungen Frauen ebenfalls.*

In Astrids von Friesens Bericht spüren wir es deutlich: Solche nörgelnden untüchtigen Frauen haben nicht nur den kraftvollen Kontakt mit sich selbst, sondern auch die Achtung vor ihrem Mann, der beruflich und privat ein Maximum leistet, verloren. Warum sollten sie auch Respekt vor einem Waschlappen haben? Ein Waschlappen ist der, der, gleichgültig ob Mann oder Frau, kein Nein wagt und sich, wie oben beschrieben, vom *Dauerflunsch* seines Partners einschüchtern lässt. Fliehen hilft nicht. Das *Ja zum Nein* ist gefragt.

Dieses Nein kann wie ein Donnerschlag als eine symbolische Geste gesetzt werden. Dass der „Schlappschwanz" kurzerhand und demonstrativ allein ins Kino aufbricht, wenn seine Dauerflunsch-Partnerin wiederholt und noch abends endlos mit den Kindern herumtrödelt! Dass eine Ehefrau, überdrüssig der männlichen Sprachlosigkeit und seiner abendlich-süchtigen Fernsehglotzerei, mit den Kindern das Haus verlässt und eine Woche lang mit den Kindern zu den Eltern zieht!

Dieses dramatische Nein zeigt, wie Schellenbaum beobachtet, *dass kein vernünftiges Gespräch, keine gegenseitige Rücksichtnahme, keine durch Jahre geübte Fähigkeit, aufeinander einzugehen, die für beide schmerzliche Notwendigkeit erübrigt, sich vielleicht einmal … gegen alle Regeln der Höflichkeit … vom anderen abzugrenzen.*

# Zoff und Zärtlichkeit

*Die Tragik des „glücklichen Paares" besteht darin, dass dem Teufel, diesem „Neinsager von Anbeginn", kein Wohnrecht und kein Platz am Herd zugebilligt wird. Daher ist nirgends der Teufel teuflischer als im glücklichen Paar. Wenn Streit, Kritik, Aggression als unpassend aus dem Leben eines Paares verbannt werden, wachsen die negativen Gefühle heimlich in jedem Partner an. Erst ihre Verheimlichung macht sie richtig böse und destruktiv.*

Peter Schellenbaum,
Aggression unter Liebenden

Warum haben eigentlich so viele Paare Angst vor Streit? Immer wieder höre ich in der Paarsitzung, vor allem von Frauen den verräterischen Satz: Wir streiten uns nie! Mir scheint, solche Paare sind ein Fall für die Uno-Menschenrechtskommission.

KOMMST DU MIT INS BETT?

Denn hat die *Harmoniesucht* nicht, so paradox es klingen mag, etwas verborgen Gewaltsames? Biegen wir nicht psychisch den anderen so zurecht, wie wir ihn haben wollen, anstatt seine Andersartigkeit zu respektieren? Oder frönen wir nicht, umgekehrt, der selbstzerstörerischen Bereitschaft, uns bis zur Unkenntlichkeit zurechtbiegen zu lassen? Verharren streitunfähige Paare nicht in einer *romantischen Illusion*, dass Intimpartner sich unter allen Umständen so hinnehmen müssen, wie sie sind?

Ist es wirklich Liebe, wenn, wie in meiner Praxis geschehen, eine schlanke, gepflegte, Frau ihrem über hundert Kilogramm schweren, Rotweinschluckenden Ehemann mit einem – verdächtig mitleidvollen – Lächeln versichert: *Ich liebe jedes Gramm an dir.* Warum sagt sie nicht die Wahrheit: *Als ich dich kennenlernte, warst du groß und stark, aber nicht fett. Du warst attraktiv. Ich fand dich sexy. Jetzt siehst du aus wie ein Fresspaket. Solange du deine Ernährung nicht umstellst und ein Schluckspecht bleibst, ekle ich mich, mit dir zu schlafen!*

Das wäre Zoff. Das brächte Aufbruchstimmung in die Beziehung. Das provozierte Veränderung. Denn unser unseliger dicker Mann – hinter dem sich übrigens ein sensibles Herz verbarg – war ja selbst unglücklich über seine körperliche Deformation.

Vielleicht täte es uns gut, uns an unsere Kinderzeit zu erinnern. Wie oft haben wir mit unseren Geschwistern und Freunden gespielt, dann haben wir uns beleidigt, sind in Streit geraten. Wir haben geschrien wie die Raben und haben damit einen Streitpunkt geklärt. Im nächsten Augenblick waren wir wieder die besten Freunde. *Was unterscheidet Geschwister von wilden Indianerstämmen?*, fragte Kurt Tucholsky. Er antwortete: *Wilde Indianer sind entweder auf Kriegspfad oder rauchen Friedenspfeife – Geschwister können gleichzeitig beides.*

Streiten war ein Lebenselixier. Auch mit den Eltern, diesen *verdammten Alten*, mussten wir streiten – um unsere Interessen zu verteidigen und um unsere Identität zu gewinnen. Der Streit war sozusagen die Grundvoraussetzung, um Schritt für Schritt unabhängig zu werden. Wenn wir starke Eltern hatten, haben sie uns sogar das konstruktive Streiten erlaubt, beigebracht, vorgelebt. Nichts ist für ein Kind ermutigender und lehrreicher, als wenn es erfährt, wie Eltern über einen Ärger in Wut geraten, ihre Emotionen herauslassen, sich dann versöhnen und den Konflikt positiv regeln. Dieses Konfliktmodell werden die Kinder nie wieder vergessen.

Zoff und Zärtlichkeit, um es burschikos zu formulieren, gehören zusammen wie Hunger und Essen. Das Wort Aggression stammt vom lateinischen *aggredior:* Das heißt nicht nur, *ich greife an*, sondern *ich gehe heran*, *ich wende mich an jemanden*, *ich gehe ihn an – ich unternehme*, *ich beginne*, *ich versuche.* In der positiven Aggression gehe ich also etwas an. Die Wut ist dabei mein *Wegweiser.* Sie enthält eine Botschaft: *Das macht mich wütend. Das kann ich mir nicht mehr gefallen lassen. Das verträgt sich nicht mit meiner Identität.* Deswegen versteht sich die Wut auch aus sich selbst. Ich brauche nicht zu fragen: *Ist meine Wut berechtigt?* Das wäre so sinnlos, wie sich die Frage zu stellen: *Darf ich Hunger haben?*

Die Wut ist ein Seismograph auch unserer Beziehung. Sie sagt uns: *Da stimmt etwas nicht. Da muss endlich Änderung eintreten!* Wut ist Botschaft, Signal und Warnung. Sie ist ein unerlässliches Gefühl in unserem Seelenhaushalt. Nietzsche konstatierte in *Jenseits von Gut und Böse*: *Affekte vermeiden, hieße den Intellekt kastrieren.*

Nicht umsonst sympathisieren wir im Märchen *Der Froschkönig* so stark mit der schönen Prinzessin, die die Faxen des erpresserischen Frosch-Mannes so dicke hat, dass sie ihn, lodernd vor Zorn, endlich – wohl nach Jahren der Ehemisere – an die Wand wirft. Damit provoziert die mutige Frau die verblüffende Verwandlung des froschigen Mannes zum schönen Prinzen. Sie erlöst diesen depressiven männlichen *Zweikomponentenkleber* von seinem Jammern und Klagen nicht durch weibliche Harmonie, sondern durch die Klarheit ihrer Abgrenzung und ihre wütende Gefühlsrückmeldung. Nicht von ungefähr ist im Alten Testament die Rede vom *heiligen Zorn*.

Eine Aggression, die sich im schöpferischen Prozess des Streites eine Bahn schafft, ist Kommunikation, Information und Veränderung. Sie markiert die Enttäuschung des wütenden Partners. Allerdings sollte man dieses Wort mit einem Bindestrich als *Ent-Täuschung* schreiben. Denn hier taucht jemand aus der Täuschung über sich selbst und den anderen auf.

Die liebliche Königstochter zum Beispiel die, als die hübscheste ihrer Schwestern und als die Favoritin des Vater wohl auch überverwöhnt ist, erkennt, dass mit Schmeicheln und Nettsein allein keine Beziehung zu gestalten ist. Sie beendet aber auch ihre täuschende Illusion über den depressiven Frosch-Mann – er wird immer klammern und distanzlos von ihrem Tellerlein essen, aus ihrem Becherlein trinken und in ihrem seidenen Bettlein schlafen und den Schmarotzer spielen, wenn sie ihn nicht endlich mit ihrem Erstickungsgefühl und Zorn konfrontiert und ihn zurückweist. Nur damit setzt sie den „verhexten“ Mann unter Leidensdruck und Zwang zur Veränderung. Natürlich hat sie als Papas *kleine Frau* in dem mutterlosen Haushalt, wie viele Mädchen, nicht das Streiten gelernt. Sie sollte ja immer nur gefällig und lieb sein.

Mädchen dürfen oft nicht das Streiten lernen. Der Begriff der Aggression ist eng mit dem der Männlichkeit verbunden. Schon als kleiner Junge habe ich in den Märchen gelernt, dass es wir Männer sind, nicht die Frauen, die die Drachen erschlagen und unschuldige Jungfrauen aus der Burg des Zauberers befreien. Meine Helden waren *Winnetou*, *Old Shatterhand*, das (zweifelhafte) Fliegeras *Udet* und *Emil und die Detektive*. Autonomie und Unabhängigkeit, Kampf und Weltbeherrschung waren meine Ideale. Zur gleichen Zeit wurde meine Schwester als künftige Frau auf Abhängigkeit und Fürsorge hin erzogen. Dies geschah sozusagen nach Nietzsches bösem Wort (in *Die fröhliche Wissenschaft*): *Des Mannes Art ist Wille, des Weibes Art Willigkeit.*

Im Streit gelebte Wut kann ein machtvolles Instrument der Persönlichkeitsentwicklung und der Paarevolution sein. Paare tun sich, auf Grund ihrer Geschlechterstereotype, schwer damit. Frauen weichen ihrer Verlustangst bei sich anbahnenden Konflikten häufig aus durch Kapitulation, Verschmelzungswünsche und „emotionale Überstunden". Sie opfern also ihr *Ich*, um das *Wir* zu erhalten. Männer reagieren auf die gleichen Verlustängste mit Distanz und schweigendem Rückzug aus der Beziehung. Sie opfern also das *Wir*, um ihr *Ich* zu verteidigen.

Wo ein Paar nicht streiten gelernt hat, artikulieren sich die Aggressionen unter-schwellig, das heißt unter der Schwelle des Bewusstseins, bösartig, versteckt und verlogen als *passive Aggressionen*. Das ist der psychologische Fachausdruck. Da gibt es die chronische Flucht ins Kränkeln: *Wie kannst du so mit mir sprechen bei meiner Migräne!* Oder: *Du weißt doch, ich kann nicht mit dir schlafen, ich habe doch ständig diese Pilzinfektionen.*

Mangels Selbstbehauptung brauchen vor allem Frauen diese „Symptome“, um die Beziehung zu manipulieren. Psychosomatische Krankheiten erfüllen nicht selten die Funktion, den aggressiven Impuls zu verschleiern und den Partner indirekt zu nötigen.

Ich erinnere mich an eine etwa fünfzigjährige Patientin, die auf die Emanzipationsbestrebungen ihres Mannes – er wollte seine Freizeit mehr mit Fotosafaris und mit Tauchen verbringen – mit spannungsbedingten Asthmaanfällen reagierte und ihn damit ins Haus zurückzwang. So erkannte Sigmund Freud schon 1911: *Nichts stabilisiert eine kranke Ehe besser als die Krankheit.*

Passive Aggressionen sind auch Phänomene wie *Vergesslichkeit*, *Missverständnisse* und *Zuspätkommen*, wenn sie in der Beziehung chronisch werden. Der ewig „vergessliche“ Ehemann, der es „leider“ zum wiederholten Mal versäumt, wie er schmerzlich beteuert, den Keller aufzuräumen, der will es in Wahrheit nicht. Aber er hat nicht die Traute, das zu sagen und sein Nein zu begründen. Vielleicht müsste er dann einmal einen lange schwelenden Konflikt mit seiner Frau, der ihn in Wahrheit so bockig macht, angehen …

Wenn die Frau hartnäckig den Termin der Geschäftsreise des Mannes nicht richtig verstanden haben will, so scheut sie sich möglicherweise, einmal ihre Wut über die ständige Abwesenheit des Mannes zu äußern.

Wenn schließlich ein Mann ewig im Büro herumbummelt oder in einer Kneipe herumhängt und zu spät nach Hause kommt, dann wäre es vielleicht für ihn an der Zeit, einmal die freudlose Atmosphäre anzusprechen, die ihn zu Hause erwartet und vor der er sich unbewusst drückt …

Das Ehekonto müssen wir ständig ausgleichen. Paare, die eine Streitkultur praktizieren, brauchen keine Koffer mit ungeklärtem Groll mit sich herumzuschleppen. Als Intimpartner haben wir natürlich auch feindselige Gefühle gegeneinander. Die gibt es einfach. Wir haben zwei Möglichkeiten: Wir können die bösen Gefühle leugnen und verdrängen und damit den verborgenen Konfliktstoff wie gefährliche Dynamitstangen im Keller unseres Beziehungsgebäudes lagern. Oder wir entschärfen das Explosionspotenzial beizeiten. Schon die Art, wie mein Partner die Zahnpastatube ausdrückt oder wie er schmatzt beim Essen und wie er mit einem bekleckerten Hemd zur Arbeit geht, das kann mich rasend machen.

Warum in aller Welt sage ich es nicht?!

Streit ist zwischen erwachsenen Menschen, ob in der Beziehung, in der Freundschaft oder am Arbeitsplatz, unvermeidlich. Streit, Klärung und Versöhnung sind Merkmale der Intimität. Weil wir uns ernst nehmen, zeigen wir uns unsere Emotionen und bestehen auf Hinhören, Wahrnehmen und Konsequenzen ziehen. Im Streit regulieren wir oft auch wieder die optimale Distanz ein, die wir als Eigenraum gegenüber dem Partner brauchen. Der Streit enthält die Botschaft: *Komm mir nicht zu nahe.* Oder: *Das ist meine Eigenart und mein Bedürfnis, die musst du respektieren.*

Der Streit gibt emotionale Auskunft über mich. Er ist eine lebenswichtige Information.

Im Streit spüre ich mich selbst, manchmal zu meiner eigenen Überraschung. Ich mache mich für den anderen wahrnehmbar: *Ich hasse es*, so tobte einmal eine Frau in der Paarsitzung gegen ihren sichtlich betroffenen Mann, *wenn du in meiner Abwesenheit an meinem Schreibtisch herumstöberst und meine Korrespondenz liest. Sie ist meine Privatangelegenheit. Ich möchte selbst darüber bestimmen, ob und was ich dir daraus vorlese. Ich kann deine Schnüffelei auf den Tod nicht leiden, weil schon meine Mutter früher mein Tagebuch gelesen hat und meine Geheimnisse nicht respektierte!*

Das saß. Der Mann gelobte Besserung.

Streiten heißt, um mit Sigmund Freud zu sprechen, das *Realitätsprinzip* zu achten. Hier erlebe ich mich und den Partner ungeschminkt. In der Vermeidung des Streits liegt die Vermeidung der Wahrheit, liegen Täuschung und Heuchelei. Das Autorenpaar George R. Bach und Peter Wyden notiert in seinem lesenswerten Klassiker *Streiten verbindet:*

*Verbreitete Heucheleien, die zu Intimitätskrisen führen können, sind: Mit einem Problemtrinker zu trinken; einem frigiden Partner gegenüber Leidenschaft zu heucheln, langweilige Fernsehpro-*

*gramme zusammen mit dem Partner anzusehen, um einer offenen Kommunikation aus dem Wege zu gehen; als Passagier in einem verrückt gefahrenen Wagen mitzufahren; Esssüchtigen, die ohnehin schon zuviel wiegen, üppige Speisen vorzusetzen …*

Das Streiten reißt uns aus unrealistischen und fantastischen Erwartungen heraus. Stefan und Marianne (beide Namen geändert) kamen zu mir in die Praxis, weil Stefan mit der Kollegin Brigitte (Name geändert) eine Außenbeziehung begonnen hatte. Marianne und Stefan hatten ein Kind von elf Jahren. Marianne verbrachte ein Dämmerdasein als unfrohe Hausfrau und jammernde Ehefrau. Stefan war ein tüchtiger, körperlich dynamischer Exportkaufmann. Marianne verlangte als ebenso zarte wie untüchtige Kindfrau ununterbrochene Fürsorge von Stefan. Sie kränkelte häufig und geriet wegen jeder schwachen Schulnote der Tochter in eine hysterische Krise.

Stefan nahm Marianne alles ab. Der konfliktscheue Mann kochte am Abend, putzte am Wochenende das Haus durch, besorgte zusätzlich eine Putzfrau, brachte sämtliche Wäsche in die Wäscherei und stellte den Essensplan auf fertige Tiefkühlkost um. Marianne mutierte trotzdem und erst recht zu einer Plage wie ein alttestamentarischer Heuschreckenschwarm.

Insgeheim war der sanfte Stefan, der aus seiner Ehe längst eine Intensivstation gemacht und sich das Rote-Kreuz-Häubchen auf den Kopf gesetzt hatte, maßlos wütend über sein Jammertal von Frau. Er kotzte seinen Ärger bei der erwähnten Kollegin Brigitte aus – und verliebte sich in sie. Brigitte war nämlich ein ganz anderer Typus Frau, forsch, gescheit, zupackend, erotisch attraktiv, ein prachtvoller Kumpel. Wenn man so will, war auch Stefans Außenbeziehung eine Art passive Aggression: Er zahlte Marianne, seiner Partnerin, heim, was sie ihm angetan hatte. Er tat dies auf seine „sanfte" verborgene Weise.

Durch den Zufall einer Liebes-SMS von Brigitte auf Stefans Handy entdeckte Marianne, die Kindfrau, die, wie sie formulierte, *ungeheure Schweinerei mit deiner Hure.* Diese verbale Entgleisung ist natürlich Emotion pur. Sie ist gar nicht so schlecht, meine ich. Denn nun kam alles auf den Tisch. Marianne schäumte. Stefan tobte erstmals.

Aufschlussreich war in den dramatischen ersten Paarsitzungen, dass Marianne und Stefan im Grunde beide an dem gleichen Übelstand der klebrigen, wehleidigen Beziehung litten. Stefan nahm kein Blatt mehr vor den Mund. Er konfrontierte Marianne mit dem Satz: *Deine Kleinmädchenhaftigkeit und Wehleidigkeit öden mich an.*

Marianne erwiderte zu seiner Verblüffung: *Ich bin ja meine Rolle auch so satt. Ich weiß selbst nicht, wie ich da hineingeschlittert bin. Du hast mich mit deiner „männlichen Überlegenheit" in diese Pipi-Mädchen-Rolle hineingedrängt. Ich hasse deine Art. Ich hasse mich. Ich will raus aus diesem Elend. Ich schaue mir schon die Arbeitsannoncen in der Zeitung an!*

So geschah es denn auch. Marianne nahm, mit meiner begeisterten Fürsprache, eine Halbtagsarbeit an. Außerdem lernte sie die „Hure" Brigitte als eine Art *Schattenschwester* im Sinne C. G. Jungs zu verstehen. Das heißt, sie kratzte der Rivalin nicht die Augen aus, sondern begriff unter Schmerzen, was Brigitte ihr an Weiblichkeit und Selbstständigkeit vorlebte. Marianne verwirklichte nunmehr die schlummernden Qualitäten kraftvoller Fraulichkeit aus ihrer positiven Schattenpersönlichkeit. Sie machte eine aufregende Metamorphose von der asexuellen Raupe zum weiblichen Schmetterling durch. Stefan seinerseits lernte, mühsam freilich, die verbindende Kraft des Streitens. Der körperlich attraktive Stefan wurde nun auch seelisch zum Mann mit schärferen Konturen und der Fähigkeit zu Aggression und konstruktivem Streit.

Wenn ich Weg zur Streitkultur als mühsam bezeichne, sage ich das nicht von ungefähr. Denn Streitkultur will gelernt sein. Sie verlangt Regeln und Reife. Einmal sollte im Streit kein Alkohol im Spiel sein. Er verzerrt unsere Wahrnehmung, er macht uns destruktiv oder rührselig, wehleidig oder exaltiert. Bei Männern droht er, zu Gewalt auszuarten. Weiter sollten in einem Streit beide Kombattanten am Ende *Sieger* sein. Nichts ist schlimmer als eine Taktik der verbrannten Erde, der Demütigung, der Forderung nach bedingungsloser Kapitulation. Das verletzt die Würde des anderen und schwärt als nicht heilende Wunde in ihm fort.

Streiten ist eine Kunst. Wir müssen uns dabei auf Regeln der Fairness einigen. Wenn einer unter die Gürtellinie trifft, dann muss die Rote Karte, der momentane Platzverweis, her.

Ich habe gute Erfahrungen damit gemacht, den Paaren richtige Streitgespräche mit einem Zeitumfang von nicht über einer Stunde vorzuschlagen mit einer einzigen, jedoch wichtigen Regel: Frau und Mann sprechen nacheinander. Jeder lässt den anderen aussprechen und geht erst in die Antwort, wenn der andere ihn ausdrücklich dazu auffordert. Sie sprechen sonst zuviel aneinander vorbei.

Bekanntlich sind die meisten Ehekrisen Kommunikationskrisen. Wenn ein Paar die Kunst des Streitens ernst nimmt und erlernen will, empfehle ich ihm, das bereits erwähnte Buch *Streiten verbindet* von Bach und Wyden zu studieren. Frauen lege ich zur Überwindung ihrer Aggressions- und Bisshemmung den vorzüglichen Ratgeber von Harriet Lerner *Wohin mit meiner Wut?* ans Herz.

Es gilt, was Marie von Ebner-Eschenbach in einem berühmt gewordenen Aphorismus festgestellt hat: *Nicht jene, die streiten, sind zu fürchten, sondern jene, die ausweichen.*

Zoff und Zärtlichkeit – warum gehören beide Gefühlshöhepunkte zusammen? Bach und Wyden haben dies hübsch formuliert: *Liebenden und Eheleuten, die nicht um „nichts" streiten, entgeht tatsächlich sehr viel. Vor allem entgeht ihnen etwas von den erotisch-verjüngenden Kräften des neubelebten Werbungsverhaltens, wo sich Anziehung und Abstoßung in dem vertrauten Zyklus realistischer Romantik abwechseln: Anziehung – Abstoßung; Gegenangriff – Verfolgung; Verweigerung – Verzeihung; Zurückrufen – Widerstreben.*

In der Sexualtherapie wissen wir heute, dass erotische Probleme in den wenigsten Fällen eine genitale Ursache haben, sondern Probleme in der Beziehung widerspiegeln. Die sogenannte Frigidität der Frau, also wörtlich ihre *Kälte*, drückt in Wahrheit meist ihre verborgene Kälte gegenüber dem Partner aus, die sie nicht offenzulegen wagt. Die Seele *somatisiert*, verkörperlicht also einen Beziehungsdefekt.

Umgekehrt artikuliert die Impotenz, wörtlich das *Un-Vermögen*, des Mannes oft sein Unvermögen gegenüber seiner Frau – und gegenüber sich selbst. Der impotente Mann lebt nicht mehr aus der Potenz seines erfüllten Lebens heraus, er ist vielleicht insgeheim depressiv, körperlich verwahrlost, er fühlt sich ungeliebt und im Beruf gehetzt. Der Streit muss infolgedessen aus dem Bett heraus in die offene Klärung der Probleme verlagert werden. Dann verschwinden auch die Sexprobleme.

Wir alle wissen es: Wenn wir uns gründlich gezofft und einen Streit geklärt haben, dann werden die Bettlaken wieder heiß. Noch einmal: Streiten ist eine Kunst. Sowohl Paare, die sagen, *wir streiten uns nie*, als auch Paare, die bekunden, *wir streiten uns ständig*, haben noch die Aufgabe vor sich, Streitkultur zu lernen.

Ein Paar, das ständig streitet, enthüllt damit nur, dass es *falsch streitet.* Männer neigen dazu, dem Streit durch Bräsigkeit und wortkarge Mürrischkeit auszuweichen. Frauen verlegen sich, hilflos bis ins Rückenmark, auf Nörgeln, Meckern und Zicken, anstatt den Froschkönig (symbolisch!) an die Wand zu klatschen. Eine Warnung ist allerdings angezeigt: Nicht jeder Mann, liebe Leserin, den du an die Wand klatschtst, kommt als Prinz herunter.

Auch um guten Sex darf gestritten werden. Hier ist es besonders wichtig, seine Sehnsucht, aber auch seinen Groll über das Verhalten des Partners zu offenbaren. Dann vermeiden wir nämlich, die Sexualität selbst zur verborgenen

Waffe zu machen. Wyden und Bach warnen mit starken Worten davor, die ich als Paartherapeut nur leidenschaftlich unterstützen kann: *Die häusliche Verweigerung sexueller Genüsse ist neben physischer Gewalttätigkeit die grausamste und verzweifelste Waffe in dem reich ausgestatteten Arsenal der intimen Kriegsführung. Sex sollte niemals zur Erpressung benutzt werden.*

So wie im Allgemeinen Streitigkeiten häufig den *Eintritt in eine neue Phase der Beziehung* signalisieren (was man erst rückblickend begreift), so zeigen sie speziell in der Sexualität, dass etwas Neues angesagt ist. In der Sexualität sind darüber hinaus eine Prise Aggression und Streit als Stimulanz der Wildheit und Überraschung unerlässlich. Dieser Gedanke mag dich, liebe Leserin, lieber Leser, vielleicht schockieren. Der Sexualforscher Gunter Schmidt schreibt in seinem Buch *Das große Der Die Das* Folgendes: *Die Tabuisierung der aggressiven Dynamik der Sexualität erstickt Erotik und Leidenschaft.*

Das heißt, wir streitfaulen Männer und Frauen haben alle aggressiven Anteile unserer Sexualität abgeschrubbt und desinfiziert. Wir sind lieb wie *Papa* und *Mama* zueinander und wundern uns dann, dass die Partnerschaft uns nicht mehr antörnt. Nur sanft, rücksichtsvoll, und harmonisch wollen wir die sexuelle Begegnung und verstehen dann nicht, warum die Lust am Zusammenprall ausbleibt. Zu starke Vertrautheit wirkt sich sexuell hemmend aus. Scharfe Sexualität als das lustvolle Getümmel unserer Seelen und Leiber bleibt aus.

Schmidt beschreibt diese sanfte Abtreibung der Lust so: *Das Transgressive, Überschreitende, soll beschnitten, das unberechenbar Wilde und Heftige gestutzt, die Lust auch am fantasierten, spielerischen Risiko verhindert, das Spiel mit Macht und Ohnmacht, Übergriff und Sichwehren beschränkt, die Lust am Überwinden und Überwinden lassen von Körpergrenzen betäubt, Ungewissheit gebannt, Auseinandersetzungen vermieden werden. Die gegenwärtige Tendenz, die aggressive Seite der Sexualität zu verbieten, dieses neue Sexualtabu, ist ein neuer Weg, das Sexuelle einzufrieren.*

Die Pantoffel-Atmosphäre der streitlosen Beziehung, das Ausklammern des Neins in ihr, die ängstliche Unfähigkeit, *zwei* spannende Eigenräume zuzulassen und damit dramatischen Grenzüberschritt und Begegnung überhaupt erst zu ermöglichen, erstickt auf die Dauer die Liebe und die lustvolle Sexualität. Lust ist immer wieder Aufbruch, zugespitzeste Aktivität und Streitbarkeit der Liebenden.

Liebe ist ein unruhiger Prozess von Stabilität und Instabilität, Ruhe und Bewegung, gleichgültig, ob wir sie mit einem oder mit mehreren Partnern erleben. Die französische Schauspielerin Fanny Ardant bekennt: *Ich komme niemals heil aus einer Liebesgeschichte raus. Es ist, als hätte man mehrere Häute, und bei jeder Liebe wird eine Lage Haut verbrannt.*

Wer streiten kann, der kann auch lieben, schamlos und wild. Gunter Schmidt betont:

*Erotik, intensives Begehren und Erleben ist ohne Risiko, ohne Angst, ohne Feindseligkeit, ohne Rache oder Triumph, ohne Kampf – zumindestens in Spuren – nicht denkbar, ohne sie resultiert Gleichgültigkeit und Langeweile im Sexuellen. Harmonie ist ein Feind der Leidenschaft. Dieses Bild von Erotik, von intensiv gelebter Sexualität ist schockierend und zeigt zugleich, das die Vorstellung einer nur zärtlichen, friedfertig-lustvollen Sexualität irreal, ja beinahe asexuell ist.*

# Liebe als Suche

*Frage ich in Therapiegruppen jeweils vertieft, wofür die Teilnehmer leben, tut sich mitunter eine tiefe Trostlosigkeit auf. Sie leben für eine Automarke oder auch für einen Fußballverein, um den sich das ganze Leben zu drehen scheint. Sie gehen tagsüber arbeiten und sitzen abends vor dem Fernseher: das Leben für Zigaretten und Bier. Sie leben halb betäubt in einem Dämmerzustand.*

Heinz-Peter Röhr,
Vom Glück sich selbst zu lieben.
Wege aus der Selbstentfremdung.

Das Leben ist für jeden Menschen, der wachen Sinnes ist, eine ununterbrochene Suche. Der Weg ist das Ziel. Heinz-Peter Röhr, Psychotherapeut an der größten deutschen Suchtklinik in Bad Fredeburg im Sauerland, beschreibt in dem am Anfang dieses Kapitels stehenden Zitat die verheerenden

LIEBE
ALS SUCHE...

Folgen, die ein Aufweichen vor der Frage nach dem Sinn des eigenen Lebens im Extremfall nach sich zieht: Zigaretten, Bier, Glotze. Der Mensch lebt, wie die Bibel sagt, nicht vom Brot allein. Er muss herausfinden, wer er ist, wozu er da ist, was er nach seinem Tod als Beitrag zur Welt zurücklassen will.

Wenn schon jedes Leben eine Suche nach Sinnerfüllung ist, wieviel mehr ist dann die Liebe ein Suchprozess. Das heißt: Wir müssen den anderen immer wieder suchen und aufsuchen. Indem wir fündig werden, finden wir auch uns selbst. Der Partner ist eine *terra incognita*, ein unbekanntes Land, das zu meiner Erforschung ansteht.

Wer in eine Fremdsprache eintaucht, der kennt diese Erfahrung. Er kann noch so viel lernen und sich flüssige Sprachbeherrschung aneignen – die unermessliche Fülle des neuen Sprachorganismus wird sich ihm nie ganz eröffnen. Es fehlen die Kinderreime, die tausend Abkürzungen und Codes, die unzähligen Wortwitze, der regionale Jargon der Fremdsprache. So antwortete Joseph Conrad, der sich in England mit seinen Romanen (*Das Herz der Finsternis* und anderen) Weltruhm erschrieb, einmal auf die Frage eines Reporters nach seinem Lieblingswunsch: *Ich möchte Englisch können.* Nicht viel anders scheint es mir auch mit der Übereinstimmung in der Partnerschaft: Wir wünschen sie, aber wir erreichen sie nie ganz.

Der bekannte Hamburger Paartherapeut Michael Coellen beschreibt in einem seiner so hilfreichen Bücher *Heilende Partnerschaft* diesen *Suchprozess* der Liebe scharfsinnig:

*Zueinander passen ist kein Zustand, sondern ein laufender Prozess ... Das einander Suchen ist das Eigentliche der Liebe und nicht das einander Finden. Das einander Missverstehen ist Anlass, sich gegenseitig laufend zu erklären. Sich dem Partner erklären heißt gleichzeitig, sich selbst erklären. An den Fragen und den Missverständnissen des Partners wird offenbar, wo man sich selbst nicht klar ist. Indem man sich dem Partner gegenüber definiert, gewinnt die eigene Selbstdefinition an Profil.*

*Eine Lebensgemeinschaft kann ihre Lebendigkeit nur bewahren, wenn die Partner laufend an der Verständigungsarbeit sind. Sobald sie glauben, sich vollständig verstanden zu haben, wird es gefährlich, denn dann bricht die Spannung zwischen den Partnern zusammen. Nur wenn die Partner einander immer etwas fremd bleiben, wird die Interaktion zwischen ihnen kreativ und lebendig bleiben.*

Nun sagt mir doch die Philosophie des *Konstruktivismus*, dass jeder von uns seine je eigene Wirklichkeit *konstruiert*. Das ist in der Radikalität der Aussage sicher übertrieben. Denn natürlich erfreuen wir uns Menschen am Gemeinsamen. Wir leben von der Erkennbarkeit und Planbarkeit der Dingwelt. Ein saftiger Apfel schmeckt Kind, Frau und Mann. Trotzdem differieren die Temperamente, Erfahrungen und Weltanschauungen.

Da sitzt das Problem. Das macht die Attraktivität aber auch die Zerstörungskraft der Partnerbeziehungen aus. Michael Coellen betont deshalb den Handlungsbedarf innerhalb der Paarbeziehung. Sie verträgt auf die Dauer keinen Stillstand, sondern verlangt nach *Evolution*: *Zwei Partner entsprechen sich nie vollkommen … sie werden die Wirklichkeit immer unterschiedlich konstruieren. Entscheidend ist, ob die unterschiedlichen Konstruktionen miteinander kompatibel sind. Die Unterschiedlichkeit macht viel von dem aus, was man mit Leiden an der Liebe bezeichnet. Die Spannungen, die sich aus unterschiedlichen Meinungen ergeben, sind jedoch das Salz in der Beziehung. Sie sind das, was die Geschichte einer Beziehung unverkennbar, einmalig und abenteuerlich werden lässt.*

Wenn die Liebe ein unaufhörlicher Suchprozess ist, ist Liebe *Wissen*. Je mehr ich von den verborgenen Strebungen eines Menschen erfahre und mich um diese Erkenntnis bemühe, desto besser verstehe ich ihn, desto mehr lasse ich mich von seinem Lebensentwurf und seiner Art, die Welt zu sehen, an ihr zu leiden und sich an ihr zu erquicken, bewegen. Ich stülpe nicht mehr die dunklen Verdächtigungen *meiner* Projektionen *über* den Partner. Ich erlebe ihn authentisch. Das führt zur Liebe.

Ich selbst erlebe das immer wieder in der psychotherapeutischen Begegnung. Natürlich sitze ich gelegentlich auch Menschen gegenüber, die mir in ihrer Körperlichkeit und charakterlichen Prägung anfänglich fremd, abweisend, manchmal sogar furchterregend erscheinen. Ich erinnere mich an Hermann (Name geändert), einen laut dröhnenden, bärigen Riesen. Er stürmte gesenkten Hauptes wie ein Stier und mit einer Nikotinfahne in meine

Praxis. Er drohte meinen zierlichen Korbsessel unter sich zu begraben. Hermann verweigerte den Blickkontakt, sprach sturzbachartig und ließ sich kaum unterbrechen. Er hatte bereits auf alles eine Antwort. Mir war nicht klar, wie ich Hermann überhaupt hilfreich sein konnte. Meine Hilflosigkeit schlug in Ärger um. Bis mir die Idee kam, seinen Redestrom abrupt zu unterbrechen und ihn mit leiser Stimme zu fragen: *Warum bist du traurig?*

Hermann stockte. Er schaute mich verwirrt an. Seine Augen füllten sich mit Tränen. Mit zitternder Kinderstimme antwortete er: *Ich glaube, meine Frau liebt mich nicht mehr.* Jetzt stand sein Leid im Raum. Alle großen Töne verschwanden. Das Kind Hermann saß vor mir. Ich habe es liebgewonnen.

Wenn ich, um das Computer-Bild zu gebrauchen, mit dem Programm des Partners *kompatibel* sein will, dann muss ich Informationen einspeisen und Informationen abverlangen. Eine Beziehung ist niemals statisch. Wir liegen vielmehr als Paar in einem oszillierenden Zustand des ununterbrochenen *swing*, der Pendelbewegung von Vertrautheit und Fremdheit. Dabei verändert sich jeder von uns täglich und ist nicht mehr der, der er gestern war. Wie wir es bei den Beobachtungen über das Paar im Wandel, in der Jugend, in der Lebensmitte und im Alter gesehen haben, macht jeder einzelne und beide zusammen tiefgreifende Verwandlungen durch. Nur wer sich verändert, bleibt sich treu. Alle diese Veränderungen wollen gesehen, besprochen, gefühlt, begriffen, negiert oder akzeptiert werden.

Der Partner ist kein Möbelstück, er ist kein Bundesschatzbrief in der Schublade meines Schreibtisches. Ein vitaler Partner ist ein schmetterlinghaftes, lebendiges, proteushaft sich Verwandelndes, ein Vexierbild voller Rätsel, ein Baum in den vier Jahreszeiten – bald frühlingshaft knospentreibend, bald hochsommerlich mild, bald herbstlich früchtebeladen, schließlich auf die wesentliche Lineatur seiner Äste reduziert im Winter seines Lebens.

Das Ja und das Nein in der Liebe besteht deshalb immer wieder neu in der Suche nach der Antwort auf die Fragen: *Was kann ich in deiner Persönlichkeit – begeistert, respektvoll oder mit Vorbehalt – bejahen? Welcher deiner Eigenschaften setze ich mein – freundliches, partielles oder entschieden totales – Nein entgegen? Reicht mein Ja, reicht dein Ja für unsere Partnerschaft? Kann ich mit meinem und deinem Nein leben?*

Der Suchprozess der Liebe verlangt nach dem *Gespräch* als Dauerinstitution der Partnerschaft. In vielen demoskopischen und psychologischen Erhebungen hat sich herausgestellt, dass Paare nach wenigen Jahren des Zusammenseins nur noch zwischen fünf und zehn Minuten pro Tag miteinander sprechen. Selbst diese knappen Wortwechsel stellen beileibe keine Gralssuche nach der Innerlichkeit des anderen dar. Sie bewegen sich auf dem Niveau von Erkundungen wie: *Hast du den Zahnarzttermin wahrgenommen? Hast du das Gas abgestellt? Warst du mit dem Wagen in der Kfz-Werkstatt? Ist die Steuererklärung endlich fertig? Ist mein Hemd gebügelt?*

Frau und Mann sind gut beraten, dem ehelichen Informations- und Kältetod durch Tiefengespräche vorzubeugen. Wie das geht, habe ich in meinem Buch *Das sprachlose Paar* mit dem *Zwiegespräch* nach (Lukas Michael Moeller) ausführlich beschrieben. Eine Andeutung mag genügen: Das Paar nehme sich einmal im Monat eine Stunde Zeit, um ein gemeinsames Thema liebevoll zu besprechen: Hausarbeit, erotische Fantasien, Finanzen, Kindererziehung, Urlaubsplanung, Beruf, Sehnsüchte, Freizeit, Verletzungen und was immer ein Paar beschäftigt. Man teile die Zeit in drei Mal zwanzig Minuten und nehme dazu, der Einfachheit halber, eine Eieruhr. Die ersten zwanzig Minuten gehören etwa der Frau, die zweiten zwanzig Minuten dem Mann, die letzten zwanzig Minuten sind dem gemeinsamen Sprechen über das Thema gewidmet.

Es gibt beim *Zwiegespräch* zwei Regeln: Wer spricht, hat die ganze Redezeit zur Verfügung. Er soll sie auch nutzen. Wenn er es vorzieht, zu schweigen, müssen er und sein Gegenüber das Schweigen aushalten. Zweitens: Wer spricht, spricht immer nur in der Ich-Form und kolonialisiert den Partner nicht mit verurteilenden Du-Formulierungen. Indem beide die Ich-Form des Gefühlsaustauschs nutzen, tauschen sie miteinander *Selbstporträts* aus. Sie bilden die kleinste Selbsthilfegruppe der Welt.

In der Ernsthaftigkeit dieser ungemein intimen Zwiegespräche erarbeiten Frau und Mann eine neue Art und Tiefe der Gesprächskultur. Sie gestehen damit ein, dass sie wenig voneinander wissen und den gegenseitigen

Suchprozess benötigen. Sie erkennen die oft unabsichtlichen Verletzungen, die sie sich zufügen. Sie heben das kollektive Paarunbewusste auf die lichte Höhe des Bewusstseins.

Die stets gleichbleibenden Termine des Paargesprächs (zum Beispiel den ersten Freitagabend jeden Monats) muss das Paar strikt einhalten, denn sonst droht Selbstboykott. Das gewohnte manipulative Umgehen miteinander ist leichter als die neue Disziplin der respektvollen Offenheit und des Zuhörens. Steckt das Paar in einer akuten Krise, sollte es sich jede Woche ein Zwiegespräch gönnen.

Auch die von mir im gleichen Buch behandelten *Liebesverträge*, das periodische Aushandeln eines neuen Beziehungsvertrages, auch mit den Kindern, bis in Details und schriftlich, stabilisiert den Suchprozess in der Liebe. Sorgsam ausgehandelte Liebesverträge schützen vor allem die Frauen, die, besonders in der Hausarbeit, nach wie vor von den Männern über den Tisch gezogen werden.

Meine Schwester, die Diplompsychologin Dr. Maria Theresia Jung, und ich führen in Lahnstein regelmäßig Paarseminare für jeweils sieben Paare durch. Sie machen dabei eine tiefe Erfahrung: dass sich die Paare selbst gegenseitig Therapeuten sind. Jedes Paar hat nicht nur Schwächen, sondern verfügt über Stärken und Kompetenz. Wir führen dabei jedes Paar in ein *Zwiegespräch*. Immer bekunden die Paare anschließend erleichtert und überrascht: *So konstruktiv und liebevoll haben wir seit Jahren nicht mehr gesprochen. Wir sind happy.*

Aber auch hier, im *Zwiegespräch*, kann ich das Ja und das Nein im Suchprozess der Liebe nur wagen, wenn ich zuerst *meinen* Eigenraum bezogen habe. Ein *Zimmer für mich* zu besitzen, bedeutet, einen stabilen Ausgangspunkt bei meiner Suche im labyrinthischen Beziehungsgebäude zur Verfügung zu haben, zu dem ich immer wieder zurückkehren kann, um Kraft zu schöpfen. Ich bin positiv in mir selbst behaust. Ich bin kein Obdachloser, der beim anderen um ein psychisches Nachtlager betteln muss.

Eigenraum bedeutet Eigenliebe. Wie warnt doch der Therapeut Heinz-Peter Röhr: *Viele versuchen, zu früh zu lieben, bevor sie sich selbst lieben können.*

# Ein Zimmer für mich allein

*

*Bei gleicher Umgebung*
*lebt doch jeder in einer anderen Welt*
Arthur Schopenhauer,
Aphorismen zur Lebensweisheit

*

*Einander kennenlernen,*
*heißt lernen, wie fremd*
*man einander ist.*
Christian Morgenstern,
Stufen

*„Ich sehne mich so nach dir"*

Sich eigenen Raum nehmen können, das ist ein entscheidender menschlicher Reifungsschritt, besonders im Leben von Frauen. Sie geben sich allzu oft mit einer Hundehütte zufrieden und gehen, wie ein trainierter Schäferhund, an der Seite ihres Herrchens bei Fuß.

Frauen, aber auch Männer müssen diese physische und geistige Raumfrage unbedingt klären. Ich verstehe als Paartherapeut zunehmend weniger, warum viele Paare es sich immer noch gefallen lassen, dass die traditionelle Architektur ihrer Wohnung der modernen Struktur ihrer Gefühle widerspricht. Da gibt es, selbst wenn die Wohnung quadratmetermäßig groß geschnitten ist, immer noch die alte unheilige Trinität von Wohnzimmer, Schlafzimmer und Kinderzimmer. Wobei das Wohnzimmer die unverhältnismäßig repräsentativen Ausmaße eines „Führerhauptquartiers" besitzt, Schlaf- und Kinderzimmer aber wahre Mauselöcher sind.

Weder die Frau, noch der Mann können sich voneinander absentieren. Sie haben keinen Rückzugsraum. Sie können auch nicht ihre unterschiedlichen Geschmacks- und Stilempfinden ausleben. Die Frau mag es zum

Beispiel etwas biedermeier-plüschig, der Mann bevorzugt bauhaushafte Funktionalität und Strenge. Lieblos vermischt stehen die Bücher beider in der seriellen Schrankwand. Auch die CDs und Kassetten sind zwangsvereint. Die Bilder an der Wand, gefällige Reproduktionen zumeist, drücken den niedrigsten gemeinsamen Nenner der Ästhetik aus – weder Frau und Mann findet in ihnen sich wieder. Wie der Altar die Kirche, so beherrscht schließlich der Fernsehapparat wuchtig und unübersehbar das Wohnzimmer. Er wird Abend für Abend zur Lärminvasion und akustischen Landbesetzung, der der ruhebedürftige oder lesewillige Partner nicht entrinnen kann.

Die Pflege dieses unentrinnbaren Laufstalls für Erwachsene kommt selbstverständlich einseitig der Frau zu. Als Vorzeigewohnung muss dieses Eheverlies ständig aufgeräumt und gewienert sein, da Inspektionen von außen drohen. Das in jedem von uns innewohnende Bedürfnis nach gelegentlichem Chaos und schöpferischer Unordnung müssen Frau und Mann zwanghaft unterdrücken.

Auch das gemeinsame eheliche Schlafzimmer ist zur gusseisernen Ideologie entartet. So schön es ist, den Atem und die Wärme des anderen nächtlings neben sich zu spüren, so kann die beiderseitige Präsenzpflicht auch zur Fron werden, und das nicht nur, wenn der Mann schnarcht. Generell hat jeder Mensch mehr oder weniger häufig das Bedürfnis, auch einmal allein zu schlafen, länger aufzubleiben, in unbegrenzter Länge im Bett zu lesen oder sogar noch Musik zu hören; manche ziehen sich am Wochenende, wie man so schön sagt, vom Bett aus noch gern einen Krimi rein. Das ist nicht unbedingt das Entzücken des Partners und ist in einem gemeinsamen Schlafzimmer auch kaum zu praktizieren.

Warum wird es von so viel Partnern und Partnerinnen als Kränkung verstanden, wenn der andere sich ein eigenes Schlafzimmer wünscht? Es muss kein Desinteresse sein und kein stummer Abschied. Das kommt auf die Situation an. Es kann sogar sehr erotisch sein, wenn die Frau den Mann oder der Mann die Frau in seinem/ihrem Zimmer überraschend aufsucht und damit eine erotische Attacke signalisiert: *Jetzt wirst du notgeschlachtet!*

Bei fast allen Paaren stelle ich, wenn ich schon routinemäßig nachfrage, fest, dass sie sich, wenn die Honigzeit der Flitterwochen vorbei ist, jeder ein Zimmer für sich wünschen. Sie würden durchaus auf das übergroße, raumfressende Wohnzimmer verzichten. Bei älteren Paaren stoße ich sogar auf eine Radikalisierung dieses Wunsches: Sie würden, wenn sie es könnten (und nicht Angst vor der Nachbarschaft hätten), am liebsten in zwei getrennten Wohnungen, nebeneinander oder übereinander, wohnen. Ihre Sehnsucht erinnert an Nietzsches Erkenntnis: *Die meisten Ehen wären besser, wenn die Liebenden nicht zusammenlebten.*

Vor allem Frauen tendieren stärker auch zur räumlichen Differenzierung der Wohnung, weil sie ja die Lasttragenden dieser Ideologie des *forever together* sind. Außerdem verfügt der Mann im räumlichen Ehegefängnis meist doch noch über einen Bastelraum im Keller oder in der geliebten Garage. Wer keinen Raum hat, der gilt auch nichts. Man sehe sich einmal das Goethe-Haus in Weimar mit seiner imponierenden Suite von Salons, mit Kunst bestückt, an, um den respektvollen Distanzraum zu ermessen, den der Dichter damit einforderte.

Eine neue Raumaufteilung zieht somit auch eine Veränderung der Beziehungsstruktur nach sich. Diese demokratische Raumplanung darf, langfristig zumindest, nicht an beengten Wohnverhältnissen scheitern.

Virginia Woolf ist zuzustimmen: Jede Frau hat ein Recht auf ein *Zimmer für sich allein*. Sie sollte sich nicht nur den Raum, sondern auch die Zeit für diesen Eigenraum nehmen. Mit der Besitznahme eines Zimmers beginnt sie, die sogenannten „unweiblichen" Eigenschaften zu realisieren: zu fordern, zu wollen, zu kämpfen, sich abzugrenzen, nicht immer nur Nähe zu geben, nicht ständig sich zurückzunehmen, nicht voller Rücksicht sich selbst unverzichtbar zu machen.

Susanne, die Offiziersfrau, beklagte sich voller verständlicher Empörung bei mir: *Die ganzen Jahre, als die Kinder noch zu Hause waren, musste ich auf ein eigenes Zimmer verzichten und habe mich am Abend in der Küche herumgedrückt. Jetzt, als die Kinder gingen und ich eines ihrer Zimmer für mich in Anspruch nehmen wollte, hat mein Mann, über meinen Kopf hinweg, das Haus verkauft, „weil es zu groß ist". Jetzt hocke ich in einer Dreizimmerwohnung. Das dritte Zimmer, neben dem Wohn- und dem Schlafzimmer, brauchen wir dringend als Gastzimmer für die Kinder und die alte Mutter meines Mannes. Wieder ist kein Platz für mich.*

Aber auch Männer brauchen diesen psychophysischen Raum für sich, weil jeder Mensch ohne die Möglichkeit zur produktiven Einsamkeit und Selbstbeschäftigung sich aus den Augen verliert. In seinen *Aphorismen zur Lebensweisheit* bemerkt der Philosoph Arthur Schopenhauer (1788 bis 1860): *In der Einsamkeit, wo jeder auf sich selbst zurückgewiesen ist, da zeigt sich, was er an sich selber hat: Da seufzt der Tropf in Purpur unter der unabwälzbaren Last seiner armseligen Individualität, während der Hochbegabte die ödeste Umgebung mit seinen Gedanken bevölkert und belebt.* Und: *Ganz er selbst sein darf jeder nur, solange er allein ist. Wer also nicht die Einsamkeit liebt, der liebt auch nicht die Freiheit; denn nur, wenn man allein ist, ist man frei.*

Ohne Einsamkeit können wir nicht leben. Sie ist eine Realität unseres Lebens. Sie ist Bestandteil der wichtigsten Reifungsprozesse. Wer nicht allein sein kann, sondern sich im *man* und dem allgemeinen *Gerede* (Martin Heidegger) verliert, den bestraft das Leben.

Der Eigenraum, den ich mir als Frau oder als Mann schaffe, ist zugleich auch der Tempel meiner Götter, meiner Überzeugungen, meiner Leidenschaften. Es ist, physisch und psychisch, ein heiliger Raum. Das Zimmer für mich offenbart ein Stück Innenansicht meiner Seele. Welch ein Abenteuer ist es, wenn Frau und Mann sich, gestützt auf die reiche Innerlichkeit ihres Eigenraumes, stolz und mit der geheimnisvollen Aura ihrer letztlich unauslotbaren Wesenheit begegnen, beieinander verweilen und sich wieder zurückzuziehen vermögen. Das sind immer wiederkehrende Sternstunden für Geist und Körper.

Wie sagt doch Simone de Beauvoir am Ende ihres femininen Meisterwerkes *Das andere Geschlecht. Sitte und Sexus der Frau* so berückend schön: *In Wirklichkeit ist der Mann wie die Frau ein Körper, somit eine Passivität, ein Spielzeug seiner Hormone und Gattung, eine unruhige Beute seines Begehrens. Sie ist wie er inmitten des leiblichen Fiebers Einwilligung, freiwilliges Geschenk, Aktivität. Sie erleben, jedes auf seine Weise, die seltsame Zwiespältigkeit der zum Leib gewordenen Existenz ... In beiden Geschlechtern spielt sich dasselbe Drama von Körper und*

*Geist, von Endlichkeit und Transzendenz ab. An beiden nagt die Zeit, beiden lauert der Tod auf, sie sind beide gleich aufeinander angewiesen. Und ihre Freiheit kann zu gleichem Ruhm führen.*

Der Mensch wird vom Geist beherrscht. Insofern ist jeder Mensch potenziell ein weltgeschichtlich einmaliges Experiment der Gefühle und des Denkens. Er ist in diesem Laboratorium der Menschwerdung Schöpfer und Proband zugleich. Keiner kann ihm das aufregende Werk abnehmen, die Mixturen seiner persönlichen Lebensessenz zu mischen. Er muss durch Irrtum und Versuch hindurch, durch Niederlagen und Siege. Er beansprucht, inmitten der gewaltigen kosmischen Leere des Weltalls, einen *winzigen Raum für sich*. Ohne ihn kann er nicht leben.

Der französische Denker Pascal (1623 bis 1662) hat dieses tiefgründige Drama der menschlichen Bewusstheit des zerbrechlichen, aber souveränen eigenen Seins gegenüber der gleichgültigen Natur mit unvergleichlicher Schönheit ausgedrückt: *Der Mensch ist nur ein Schilfrohr, das Schwächste der Natur; aber er ist ein denkendes Schilfrohr. Es ist nicht nötig, dass das ganze Weltall sich wappne, ihn zu zermalmen:*

*ein Dampf, ein Wassertropfen genügen, um ihn zu töten. Aber wenn das Weltall ihn zermalmte, so wäre der Mensch noch edler als das, was ihn tötet, denn er weiß, dass er stirbt, und kennt die Überlegenheit, die das Weltall über ihn hat; das Weltall weiß nichts davon.*

Wenn wir menschlich sein wollen, müssen wir zuerst Menschen sein dürfen. Dazu gehört der eigene Entwicklungsraum und der Wagemut, auch in der Liebe Ja und Nein zu sagen. Das macht uns Angst. Das Nein geht uns schwer von den Lippen, weil wir meist, wie Zirkustiere, zum Gehorsam dressierte Kreaturen sind. Aber es gibt in Wahrheit nur einen unabdingbaren Gehorsam – den Gehorsam zu mir selbst, zu meiner Mission und Vision.

Nur wer das Selbstbewusstsein aus seinem eigenen Raum der Identität bezieht, wird auch den Mut zum zivilen Ungehorsam, zur Verweigerung gegenüber den Unzumutbarkeiten in der Beziehung wie im politischen Leben gewinnen.

Der eigene Raum als *Zimmer für mich allein* und geistiges Territorium, ist der Humus für das Gedeihen des freien Geistes. Dieser aber macht unsere Identität aus. Der freie Geist wird uns, wie der römische Dichter Ovid (43 v. – 18. n. Chr.) ermuntert, bis zum letzten Atemzug begleiten.

In einem Gedicht beschreibt Ovid den lebenslangen Kampf um den Raum unserer Seele mit den unsterblichen Versen:

*Nicht immer*

*Nicht immer blühen die Veilchen,*
*die purpurnen Lilien auch nicht,*
*und ist die Rose verblüht,*
*starrt entblättert der Dorn.*
*Dir werden auch bald, mein Schöner,*
*die Haare ergrauen,*
*Runzeln kommen dir dann,*
*werden durchfurchen den Leib.*
*Stärke also den Geist,*
*dass er dauert;*
*verbünd ihn der Schönheit!*
*Denn er bleibt dir allein,*
*bis du Asche einst wirst.*
*Nimm die Sorge nicht leicht,*
*dich mit schönen Künsten zu bilden,*
*wer du auch seist,*
*und erwirb höheren Wert als den Leib.*

# Ein Verlag, ein Haus, eine Philosophie.

Millionen Bundesbürger kennen den kämpferischen Ganzheitsarzt Dr. Max Otto Bruker (1909–2001) aus dem Fernsehen, aus Vorträgen, durch den „Mundfunk“ überzeugter Patienten. Vor allem lesen sie aber die rund 30 Bücher des schwäbischen Humanisten und Seelenarztes. Mit einer Gesamtauflage von über drei Millionen Exemplaren ist Max Otto Bruker der wohl bedeutendste medizinische Erfolgsautor im deutschsprachigen Raum. Der – in der Nachfolge des Schweizer Reformarztes Bircher-Benner scherzhaft „Deutschlands Vollwertpapst“ genannte – Massenaufklärer, langjährige Klinikchef und Ernährungsspezialist lehrt zwei fundamentale Erkenntnisse Patienten wie Gesunden: Der Mensch wird krank, weil er sich falsch ernährt. Der Mensch wird krank, weil er falsch lebt.

Hinter den Erfolgstiteln des emu-Verlages steht ein bedeutender Forscher und Arzt, eine Bewegung, ein Haus und tausende Schülerinnen und Schüler. 1994 wurde das „Dr.-Max-Otto-Bruker Haus“, das Zentrum für Gesundheit und ganzheitliche Lebensweise, auf der Lahnhöhe in Lahnstein bei Koblenz bezogen. Es stellt die äußere Krönung des Brukerschen Lebenswerkes dar: Der lichte Bau mit seinem Grasdach, den Sonnenkollektoren und den Wasserrecyclinganlagen, seinen Seminarräumen, dem Foyer mit der Glaskuppel und dem liebevollen Biogarten ist als Treffpunkt für all jene konzipiert, denen körperliche und seelische Gesundheit, ökologische und spirituelle Harmonie Herzensbedürfnis und Sehnsucht sind.

Hinter dem eleganten Halbmondkorpus mit dem markanten Grasdach verbirgt sich eine Begegnungsstätte für Gesundheitsbewusste, Seminarteilnehmer, Trost-, Ruhe- und Anregungsbedürftige.

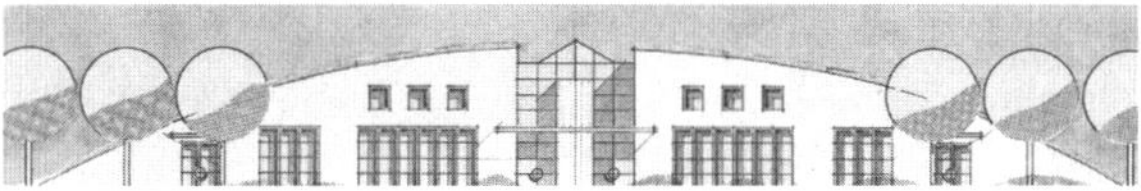

Das Dr.-Max-Otto-Bruker-Haus

**Feste Termine:**

Jeden Dienstag, 18.30 Uhr: Vortrag Dr. phil. Mathias Jung (Lebenshilfe und Philosophie)
Jeden Mittwoch, 10.30 Uhr: Fragestunde mit Dr. Birmanns (Ärztlicher Rat aus ganzheitlicher Sicht)

**Ausbildung Gesundheitsberater/in GGB**
**Lebensberatung/Frauen-, Männer- und Paargruppen**

Die vitalstoffreiche Vollwertkost hat ihre Verbreitung, auch im klinischen Bereich, durch die unermüdliche Information und praktische Durchführung von Dr. M. O. Bruker gefunden. Um die Erkenntnisse gesunder Lebensführung und die durch falsche Ernährung provozierte Krankheitslawine ins öffentliche Bewusstsein zu rücken, bildet die von ihm 1978 gegründete „Gesellschaft für Gesundheitsberatung GGB e.V." Gesundheitsberaterinnen und Gesundheitsberater GGB aus. Über 4000 Frauen und Männer haben bislang die berufsbegleitende Ausbildung bestanden und wirken in Volkshochschulen, Bioläden, Lehrküchen, Krankenhäusern, ärztlichen Praxen, Krankenversicherungen und ähnlichen Bereichen.

Auf der Lahnhöhe erhalten sie durch das GGB-Expertenteam nicht nur eine sorgfältige Grundlagenausbildung über die vitalstoffreiche Vollwerternährung und den Krankmacher der „entnatürlichten" (denaturierten) Zivilisationsernährung (raffinierter Fabrikzucker, Auszugsmehle, fabrikatorische Öle und Fette, tierisches Eiweiß usw.), sondern gewinnen auch Einblick in die leibseelischen Zusammenhänge der Krankheiten.

Anfragen zur Gesundheitsberater-Ausbildung wie zu den Selbsterfahrungsgruppen, Lebensberatung, Paartherapie und Psychotherapie bei Dr. Mathias Jung und weiteren Tages- und Wochenendseminaren sowie Einzelberatung sind zu richten an die Gesellschaft für Gesundheitsberatung GGB e.V., Dr.-Max-Otto-Bruker-Str. 3, 56112 Lahnstein (Tel.: 02621/ 917010, 917017, 917018, Fax: 02621/917033).

Fordern Sie ebenfalls ein kostenloses Probe-Exemplar der Zeitschrift „Der Gesundheitsberater" an.

## Von Dr. Jung sind im emu-Verlag bisher in der „blauen reihe“ erschienen:

Von Dr. Jung sind im emu-Verlag bisher in der „roten reihe" erschienen:

## Von Dr. Jung sind im emu-Verlag bisher in der „gelben reihe“ erschienen:

Von Dr. Jung sind im emu-Verlag bisher in der Sprechstunden-Reihe erschienen: